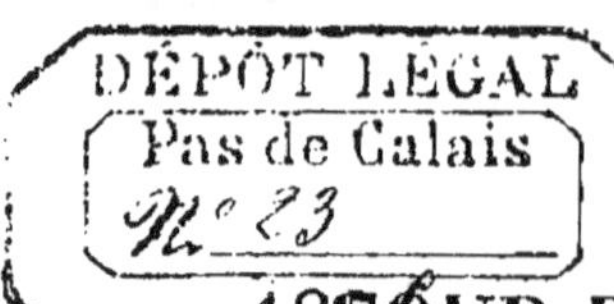

COUP-D'OEIL RÉTROSPECTIF

SUR

LES RELATIONS

DE

C.-F. THÉRY, LIBRAIRE A ARRAS

AVEC

M. DADIER, Principal du Collége de Sibiville.

RELATIONS COMMENCÉES LE 26 JUILLET 1849
ET ROMPUES LE 30 NOVEMBRE 1854.

TERME DE PAIEMENTS SIX MOIS.

ANNÉE 1849.

Juillet 26. Livres de prix, 97 francs 65 centimes, payés par M. l'abbé Pruvot, dont quittance.

1849. 26 octobre au 21 avril 1850.
Livres classiques pour la somme de 372 fr. 15 centimes.

Mars 1850. Rappel à M. Pruvot du terme d'échéance.
Réponse de M. l'abbé Pruvot.

Sibiville, 12 Mars 1850.

« Cher Monsieur,

« Je viens de recevoir votre lettre et j'en ai donné connaissance immédiatement à M. Dadier, n'ayant pas prévu ce qui est arrivé, M. Dadier a fait acquisition de quatrevingts hectolitres de blé la semaine dernière, et cela au comptant, de sorte qu'il est à court de fonds.

1

1856

« Il pensait bien à vous ; mais voyant que les vacances de Pâques arrivent il a cru qu'il pouvait attendre cette époque pour régler avec vous.

« Je regrette beaucoup de ne pouvoir satisfaire à votre demande, etc., etc.

« Votre dévoué serviteur.

« Est signé : ED. PRUVOT. »

Les vacances de Pâques arrivent, pas d'argent.

La Trinité se passe, point d'argent.

Enfin, prière à Ch.-F. Théry de faire sa note, invitation d'aller à Sibiville et de la porter : Le libraire arrive par un dimanche soir, il est bien reçu, bien venu, bien couché : le lendemain on demande la note, on marchande mais on n'a point d'argent ; on ajoute même : « Avant de vous connaître je faisais des affaires avec madame P....., et plus d'une fois j'ai laissé retourner des traites... » Bref le libraire part comme il était venu... léger d'argent.

1850 (août 2). Livres de prix, 124 francs 40 centimes.

Mais reprenons ; les grandes vacances arrivent et l'on donne enfin un à-compte de 200 francs, dont quittance à valoir sur la note des classiques, s'élevant à 372 fr. 15 c.

Mais le temps passe vîte : déjà l'on est en octobre. M. Pruvot reparaît sur la scène, et il écrit au libraire :

Sibiville, le 9 Octobre 1850.

« Cher Monsieur,

« Je vous envoie par Polycarpe les 167 francs que je n'ai pu vous remettre avant mon départ, etc., etc.

« Agréez, cher Monsieur, l'hommage de mon profond respect.

« Est signé : ED. PRUVOT. »

Sur la même lettre et à la troisième page est écrit :

« Je garde l'argent dont vous parle M. Pruvost. Je vous ferai tenir une égale somme par une autre voie comme je vous le dis dans ma lettre.

« Est signé : DADIER. »

LETTRE DE M. DADIER.

« Monsieur,

« Je ferai déposer chez vous sous peu le montant de ce qui reste à payer de votre Mémoire. (Voir la lettre de M. Pruvot du 4 mai 1855 et comparer).

« J'ai bien l'honneur de vous saluer.

« Est signé : DADIER. »

Le sous-peu de M. Dadier arriva la première semaine de décembre 1850. Car le messager Polycarpe apporta au libraire la somme de 165 francs. Bien qu'il manquât un franc à l'appel (car la lettre d'avis annonçait 166 francs) il fut délivré quittance de 166 francs et cette quittance n'a point fait naufrage, elle a été revue à Saint-Pol, le 28 février 1856.

Mais revenons aux Livres de prix fournis le 2 août 1850 et payés après le 13 mars 1851 et continuons à nous édifier, à nous éclairer des lettres de M. Pruvot. Citons un extrait de la lettre du 13 précité :

Sibiville, le 13 Mars 1851.

« Cher Monsieur,

« Je vous renvoie le *Cours de littérature*, etc., etc.

« Pour la question d'argent, M. Dadier ne m'a encore donné aucune réponse ; mais je crois qu'il n'est pas fort en fonds pour le moment et qu'il serait bien aise de ne solder qu'à Pâques, etc.

« Votre très-humble serviteur.

« Est signé : ED. PRUVOT. »

Observons que le Mémoire des Livres de prix fut soldé le Vendredi-Saint, c'est assez dire que les fournitures ci-devant mentionnées ont été payées sinon exactement du moins presque entièrement, dont quittance.

Mais pressons-nous d'en venir aux fournitures faites depuis le 11 octobre 1850 jusqu'au 1er août 1851, et à celles faites depuis le 17 octobre 1851 jusqu'au 6 août 1852.

Comme il est à présumer que l'on était toujours à court de fonds, les Mémoires de ces deux années ne furent jamais demandés.

L'an 1851 s'écoula sans nous apporter aucun à-compte sur nos livraisons précitées; mais arriva le mois de janvier 1852, et le 7 du même mois, M. Pruvot nous écrivait :

Sibiville, le 7 Janvier 1852.

« Cher Monsieur,

« M. Robert, d'Arras, vous fera remettre 200 francs pour M. Dadier : ces 200 francs seront à valoir pour son compte.

« Votre tout dévoué serviteur.
« Est signé : ED. PRUVOT. »

Il faut reconnaître ici qu'un peu plus tard il nous fut versé une égale somme à valoir pour le compte de M. Dadier ; nous croyons sans pouvoir l'assurer qu'elle venait de M. Lépinoy, brasseur à Arras (brasseur que nous ne connaissons encore que de nom).

Toujours est-il que nous avons reçu 400 francs, dont quittance.

Mais nous sommes en 1852. Citons des lettres de 1852, lesquelles sont de la main de M. Pruvot, lequel nous écrivait le 3 mars, même année :

« Monsieur Théry,

« Je viens encore de vendre deux Missels que je n'ai pas et que je vous ferai prendre mardi prochain, par la voiture de M. Deusy, d'Athies. Ce sont des Missels de Malines, semblables à ceux que vous m'avez envoyés à 22 francs pour 24 ; mais dorés sur tranche. Ce qui d'après les Catalogues que vous avez envoyés précédemment, fait une différence de 2 francs pour chacun. Surtout ne manquez pas : car ce sont des occasions que j'ai prises au vol et qui devaient se faire attendre bien longtemps.

« J'ai vendu le Bréviaire de 27 francs.

« Votre tout dévoué serviteur.
« Est signé : ED. PRUVOT. »

Sibiville, le 3 Mars 1852.

Sibiville, le 24 Mars 1852.

« Monsieur Théry,

« Veuillez encore m'envoyer : 1° un Bréviaire, 4 vol. in-12, papier blanc, mi-chagrin, doré sur tranche, édition de Lecoffre et Cᵉ, de 28 francs ; 2° deux Bréviaires 4 vol. in-12, rel. basane, couleur, filets, édition Lecoffre ou des Libraires associés, papier blanc, à 18 francs.

« Je vous paierai ces derniers articles à Pâques.

« Votre tout dévoué serviteur.
« Est signé : ED. PRUVOT. »

Sibiville, le 1ᵉʳ Avril.

« Cher Monsieur,

« Je vous prie de m'envoyer pour M. Dadier, un Bréviaire de Lyon, rel. façon chagrin, do. sur tr , de 20 francs. Celui que vous m'avez envoyé a été pris par l'ecclésiastique qui m'avait demandé un Bréviaire de 28 francs, papier blanc, au lieu duquel vous m'aviez envoyé un Bréviaire papier chine.

« Veuillez donc ne pas manquer d'en envoyer un second de 20 francs, car M. Dadier m'en voudrait d'avoir donné celui qu'il avait choisi. Pour le moment il me reste un Missel, un Bréviaire des Libraires associés, rel. bas. d. s. t. et un Bréviaire de Lyon, rel. bas. Si je ne puis placer ces objets avant huit jours, je vous les reporterai avec de l'argent. Veuillez aussi m'envoyer un Antiphonaire de Reims, relié, édition bien claire, etc., etc.

« Votre très-humble servitenr.
« Est signé : ED. PRUVOT »

M Pruvot a, en effet, apporté à Pâques de l'argent pour les Brév. et Missels.

Mais revenons à M. Dadier, pour le compte duquel nous avons reçu 400 francs, lequel M. Dadier viendra nous dire plus tard, qu'il nous a payé (date du 4 octobre 1852) la somme de 300 francs, lorsque le 3 octobre 1852 nous avons prêté à M. Pruvot 850 francs, somme égale à celle qu'il avait oubliée chez M. Deusy, d'Athies.

Ce prêt n'est point contesté puisque M. Pruvot nous écrit :

Sibiville, le 6 Octobre 1852.

« Cher Monsieur,

« . . . . . Avez-vous reçu à temps les 850 francs?...

« Veuillez agréer, Monsieur, le témoignage de ma sincère reconnaissance.

« Votre tout dévoué serviteur.
« Est signé : ED. PRUVOT. »

Mais citons une autre lettre du même mois :

Sibiville. le 27 Octobre 1852.

« Monsieur,

« M. Dadier me charge de vous dire qu'il est honteux de vous devoir depuis si longtemps. Il a des fonds disponibles et peut vous payer tout ce qu'il vous doit. Mais si vous pouviez attendre jusqu'au mois de janvier cela l'arrangerait, parce qu'il a dessein de faire une provision de blé.

« Alors il vous paierait tout ce qu'il vous devrait et vous ferait même une avance pour compenser la prolongation du crédit. Mais surtout il veut que vous parliez en toute franchise, sans respect humain aucun.

« Votre tout dévoué serviteur.
« Est signé : ED. PRUVOT. »

Le libraire répondit qu'il ne voulait point déranger le dessein de M. Dadier et que, si ce dernier lui envoyait un à-compte de quelques cents francs, ça l'arrangerait aussi.

Dans les premiers jours du mois suivant on lui envoya 200 francs (accompagnés de la lettre ci-après reproduite). Mais 200 francs à valoir en compte sur la somme que M. Dadier est honteux de devoir depuis si longtemps.

« Monsieur,

« Je vous envoie 200 francs par Hesdin Polycarpe. M. Pruvot vous a dit pourquoi je me trouvais un peu gêné.

« Je sais qu'un certain cherche à me nuire, mais la calomnie retombe souvent sur celui qui l'invente.

« Nous connaissons l'oiseau et nous savons de quoi il est capable.

« Je suis bien sincèrement, Monsieur, votre très-humble serviteur.

« Est signé : DADIER, p. »

Sibiville, 4 novembre 1852.

Mais venons à l'année 1853, et donnons une lettre sans date que M. Pruvot (voir sa réponse du 4 mai 1855) dit être de jauvier 1853.

« Monsieur Théry,

« M. Lépinoy vous remettra probablement 100 francs à valoir sur le compte de M. Dadier.

« Votre très-humble serviteur.

« Est signé : PRUVOT »

En effet, le jour de la Purification, à midi et demi, un ouvrier de M. Lépinoy m'apporta dans une manne 50 francs en sous et 50 en argent blanc à valoir pour le compte de M. Dadier.

Les relations continuèrent, et vint le mois de juillet. M. Pruvot m'écrivit :

Collège de Sibiville, le 28 Juillet.

« Monsieur Dadier se plaint de n'avoir pas encore reçu la note qu'il vous a demandée.

« Votre tout dévoué serviteur.

« Est signé : PRUVOT, diacre. »

M. Dadier, reconnaissons le, avait fait demander son mémoire de l'année 1852-53. Il fut remis à Polycarpe le 29 juillet, et, la première semaine du mois d'août, je reçus à valoir en compte sur ce Mémoire la somme de 200 francs apportée par un inconnu, un quelqu'un de Sibiville. Peu de jours après, M. Pruvot arrivait à Arras, nous parlait de ce versement et, pendant ses vacances, il m'apportait : 1° la somme de 100 francs ; 2° la somme de 119 francs 80 centimes et puis enfin le montant des Livres de prix de 1853.

Mais restaient toujours non liquidés les comptes des années 1850-51, 1851-52. M. Pruvot, avant la fin des vacances, à l'heure de son retour à Sibiville, nous avait parlé d'un versement de 300 francs lequel devait s'effectuer dans quatre jours. Les jours se passaient et l'on ne voyait rien venir. Le libraire surpris, étonné, écrivit à M. l'abbé Pruvot lequel répondit :

Collége de Sibiville, le 27 Octobre 1833.

« Monsieur,

« Je crois que vous aurez demain 200 francs d'une part et 100 francs de l'autre. Il y a eu un peu de négligence du côté des 200 francs ou plutôt oubli... »

« Votre très-humble serviteur.

« Est signé : E. PRUVOT. »

L'à-compte de 200 francs vint en effet avec la fin du mois, mais pour celui de 100 francs, reste à voir... Mais faisons un grand pas.

Le 28 septembre 1854, M. l'abbé Pruvot que souvent je voyais plusieurs fois le jour finit par me dire : « Faites-moi, disposez-moi, pour mardi prochain, une quittance de 200 francs. » Fatigué de lenteurs qui ne me laissaient pas sans inquiétude, je répondis à M. Pruvot : « Nous avons encore là des comptes d'années antérieures non liquidés ; il serait bon de les purger, de les terminer au lieu d'aller toujours par à-comptes. » — « Eh bien ! répliqua M. l'abbé Pruvot, faites-moi un petit relevé, un croquis approximatif, je le remettrai à M. Dadier. » J'allais oublier de dire que la quittance ne fut ni faite, ni remise, car l'abbé Pruvot partit sans pouvoir verser la somme promise.

Ici va se produire la scission ; ici vont commencer les amertumes entre les deux parties. Octobre nous donna la pomme de discorde.

Le croquis avait été remis par M. Pruvot à M. Dadier et ce croquis portait sur les années 1850-51, 1851-52.

M. Dadier me répondit.

« Monsieur,

« Le messager devant partir tout à l'heure, j'ai peu de

temps pour vous écrire. A entendre M. Pruvot, je vous redois encore, et assez bien, sur l'année 1852-53. De mon côté, je crois ne vous devoir rien du tout. Comme les paiements ont été faits l'un par l'autre, il est possible qu'il s'y soit glissé des erreurs Vous me feriez donc plaisir de m'adresser un compte qui remonte à l'époque où même selon vous et selon M. Pruvot je ne vous devais rien. Veuillez y apporter toute l'attention dont vous êtes capable. Je ne vous envoie rien aujourd'hui, surtout parce que je n'aime pas à envoyer de l'argent par Polycarpe. J'ai aussi reçu peu à notre rentrée qui d'ailleurs n'est pas encore entièrement effectuée.

« Recevez, Monsieur, mes salutations bien sincères et toujours légitimes.

« Est signé: DADIER. »

Sibiville, le 27 Octobre 1854.

Quelle fut ma réponse à cette lettre ?... La voici en substance : « J'espère que M. Dadier sera mieux servi par mes acquits que par sa mémoire. » Et j'écrivis à M. l'abbé Pruvot et non à M. Dadier.

Quelques jours après je répondis à M. Dadier, ou mieux je lui adressai son compte lequel s'élevait à 586 francs, y compris la petite somme par lui rognée. Le mot *rognée* fut une offense pour M. Dadier ; il est si sensible !...

Un peu tard M. l'abbé Pruvot m'écrivit :

Collége de Sibiville, le 16 Novembre 1854.

« Monsieur Théry,

« Vous aurez sans doute été surpris de ne recevoir aucune nouvelle de M. Dadier par le fils de Polycarpe. La raison en est que moi seul j'ai eu connaissance de son départ pour Arras, et encore seulemeut au moment même qu'il partait.

« M. Dadier, sans soupçonner le moins du monde qu'il y ait mauvaise foi de votre part, est toujours dans la persuasion qu'il y a erreur dans votre compte. Pour acquérir une certitude à ce sujet il s'occupe à repasser les Mémoires des années passées et doit s'informer auprès de MM. Lépinoy et Robert des versements qu'ils ont faits chez vous.

1*

Quand au montant des fournitures de l'année dernière, il espère pouvoir vous contenter sous peu.

« Il a trouvé votre lettre un peu acerbe ; quelques expressions qu'il ne m'a pas citées l'ont blessé. Il m'a dit à ce sujet que les avantages qu'il a trouvés chez vous, il les avait toujours eus à Paris ; que s'il s'est mis en rapport avec vous, ça été plus par intérêt pour votre maison que par utilité pour la sienne,

« Maintenant, Monsieur Théry, je vous dirai bonnement et simplement ce que je pense à ce sujet. J'ai été fort surpris lorsque vous m'avez parlé de reliquats d'années antérieures à 1852-53. J'ai été surtout étonné lorsque j'ai su qu'ils montaient si haut. Toutefois je n'ai fait part de mes réflexions à personne. Mais il me semble me rappeler vous avoir dit en acquittant le compte de M. Dadier : « Au moins vous n'aurez encore à redouter aucun des dangers que vous a prédits M. Autricque. » Et cela a dû nécessairement avoir lieu après l'ouverture de la maison de M. Autricque, etc., etc... Enfin, ce qu'il y a de certain dans cette affaire, c'est que M. Dadier ou M. Théry a tort ; mais, en tous cas, je suis intimement convaincu que le tort, de quelque côté qu'il vienne, est bien involontaire. Toutefois, cette erreur ne laisse pas de me contrarier beaucoup ; et je vous avoue que, depuis plusieurs jours, pendant le saint sacrifice de la Messe, je demande instamment à Dieu qu'il veuille bien éclairer celui des deux qui se trompe.

« Espérons toujours que cela n'aura pas de mauvaise fin et que de bons renseignements viendront dissiper les ténèbres qui nous cachent la vérité.

« J'ai cru devoir vous écrire ces quelques mots pour vous empêcher d'interpréter mal le silence de M. Dadier et le mien.

« Agréez, cher Monsieur, l'assurance de mon parfait dévouement.

« Votre très-humble serviteur.
« Est signé : E. PRUVOT, prêtre. »

Vers la fin de novembre, comme il ne m'arrivait aucun à-compte, j'annonçai à M. Pruvot que je venais de faire traite sur M. Dadier. L'étonnement fut grand et la lettre suivante me fut adressée :

Sibiville, le 3 Décembre 1854.

« Monsieur Théry,

« M. Dadier et moi nous sommes on ne peut plus surpris de votre manière d'agir. Comme je vous l'ai dit dans ma lettre du 16 dernier, M. Dadier fait des recherches pour établir son compte avec vous ; et aussitôt qu'il aura reçu les renseignements qu'il demande, il ne se refuse en aucune façon à entrer en compte avec vous. Mais, que vous ayez ainsi disposé sur lui sans même l'en prévenir, il s'en trouve gravement offensé. Aussi ne s'engage-t-il pas à payer toutes vos trois traites, et il vous prie de ne pas envoyer le reste des livres demandés.

« S'il y a des livres à vous renvoyer, je vous les renverrai la semaine prochaine ; car, pour le moment, je n'ai ni le temps ni la force de m'en occuper. Votre lettre a été un coup de foudre pour moi : j'ai la tête en feu ; le sang bouillonne dans ma poitrine, et je dois voyager demain : par commission de M. Dadier.

« Est signé : E PRUVOT, p. »

RÉPONSE A LA LETTRE DE M. PRUVOT.
(En date du 3 Décembre)

Arras, le 7 Décembre 1854.

« Monsieur Pruvot,

« J'ai lu, relu votre dernière lettre, laquelle diffère singulièrement des précédentes.

« Vous êtes, me dit-elle, M. Dadier et vous, on ne peut plus surpris de ma manière d'agir.

« Ce qu'il vous convient d'appeler ma manière d'agir est tout logique, tout rationnel et provoqué moins par mes intérêts en souffrance que par un besoin réel de rentrées.

« Quand des termes de six mois par vous-même proposés et par moi franchement acceptés sont par delà échus, êtes-vous bien fondé à vous étonner de ma manière d'agir ?

« A quoi bon revenir à votre lettre du 16 novembre et me parler encore de renseignements demandés pour établir des comptes, entrer en compte ?

« Aux relevés par moi soumis et présentés opposez des

acquis équivalents, prenez le droit chemin et ne venez pas
me dire sèchement que, sans l'en prévenir, j'ai disposé sur
M. Dadier, qu'il s'en trouve gravement offensé et qu'il ne
s'engage pas à acquitter toutes mes trois traites.

« Je crois apercevoir en tout cela non un désir de régler,
de terminer loyalement, mais une propension à la chicane.
Puissé-je me tromper !... A voir la tournure des choses, il
me semble que je n'aurai guère à regretter de ne plus recevoir les ordres de M. Dadier.

« Toute la faveur que je lui demande après rupture, etc.,
c'est de me conserver son estime. Pour moi le sacrifice est
fait et je suis pleinement résigné.

« Je vous devais ces explications, Monsieur Pruvot ; je
prie Dieu qu'elles soient pour vous non un coup de foudre,
mais une lumière qui vous découvre quel je suis : qu'elles
vous mettent la tête non en feu, mais dans un calme parfait et qu'au lieu de faire bouillonner le sang dans votre poitrine, elles gravent dans votre cœur le souvenir de celui qui
vous est connu et qui dorénavant ne laissera échapper aucune occasion de se montrer en tout et partout

« Votre très humble et très-reconnaissant serviteur,

« C. F. Théry, lib. »

—

LETTRE DE M. DADIER (*sans date*).

« Monsieur,

« Vous me permettrez de vous dire que dans vos réponses à Monsieur Pruvot vous êtes toujours à côté de la
question. On ne se plaint pas de votre crédit : vous l'avez
accordé, au moins le temps que nous étions convenus, et en
ce moment il existe une différence dans nos comptes, n'est-il
pas tout simple de terminer ce compte avant un paiement
définitif? On vous a dit que j'y travaillais de mon côté ; en
effet, j'ai écrit à MM. Robert et Lépinoy pour avoir quelques renseignements, il n'y a encore que M. Robert qui
m'ait répondu. Quand j'aurai toutes mes pièces, je ne demande pas mieux que de nous entendre. Si vous entrez
dans ces pensées je veux bien continuer mes rapports avec
vous et vous pourrez alors expédier la dernière commande.

« Vous m'avez promis de m'envoyer le compte général,

je l'attends. Cet amiable que je vous propose vaut beaucoup mieux que de nous enfoncer dans des procès aussi désagréables pour vous que pour moi. Dans l'attente d'une solution pacifique, veuillez me croire, Monsieur,

« Votre très-humble serviteur.

« Est signé: DADIER, prêtre. »

RÉPONSE DE M. PRUVOT A MA LETTRE DU 7 DÈCEMBRE.

« Monsieur Théry,

« M. Dadier m'a donné connaissance de la lettre qu'il vous a adressée et que vous ne recevrez probablement qu'en même temps que la mienne. D'après cette lettre, vous croirez que je lui ai montré la vôtre du 7 courant, il n'en est rien. Je lui ai seulement fait part de ce que j'ai cru ne devoir pas l'irriter. Vous accusez M. Dadier ou moi, ou peut-être tous les deux, de propension à la chicane.

« Pour M. Dadier, ce qu'il y a, c'est qu'il ne croit pas vous devoir le reliquat réclamé par vous, qu'il croit, par conséquent, qu'il y a eu erreur involontaire de votre part et qu'il cherche enfin à s'assurer s'il doit ou non.

« Pour moi, Monsieur Théry, jamais je n'ai eu de propension à la chicane, et dans la circonstance présente, tout ce que j'ai dit et fait n'a eu pour but que d'empêcher la chicane.

« Pour la dernière partie de votre lettre, je ne puis trop deviner si vous parlez ironiquement ou non. En tous cas, sans attendre de réponse à ce sujet, je vous dirai franchement que je n'attends pas de lumières d'en haut pour savoir quel vous êtes.

« La conduite que j'ai toujours tenue avec vous doit vous dire quel jugement j'ai porté sur vous. Or ce jugement n'a pas changé, et quels que soient vos démêlés avec M. Dadier, ils ne sont pas une raison pour qu'il change. Vous n'en douteriez pas si vous me connaissiez bien, etc.

« Veuillez agréer, Monsieur Théry, l'assurance du parfait dévouement de votre très-humble serviteur.

« Est signé: E. PRUVOT. »

Mais M. Dadier reparaît. Suivons-le non sans attention.

« Monsieur,

« Je ne sais si la traite dont vous avez parlé à M. Pruvot me sera présenté le 20 du courant. Je dois vous dire que pour y faire honneur j'exige une lettre de vous dans laquelle vous déclarerez que la traite est à l'acquit des fournitures faites en 1853-54.

« J'ai bien l'honneur d'être, Monsieur, votre tout dévoué serviteur.

« Est signé: DADIER. »

Sibiville, le 15 Décembre 1854.

Nota. Cette lettre porte le timbre *Frévent, 18 décembre 1854,* elle arriva le 19 et je répondis :

Arras, le 19 Décembre 1854.

« Monsieur Dadier,

« En réponse à votre lettre datée *Sibiville 15 décembre 1854* et portant sur l'adresse *Frévent 18 décembre 1854,* je viens vous déclarer que, sans préjudice de mes fournitures antérieures à 1853-54, j'ai disposé sur vous comme suit :

« 20 décembre de la somme de 400 francs.

« 31 décembre de la somme de 200 francs, à valoir sur mes fournitures de 1853-54, lesquelles s'élèvent à la somme de 637 francs.

« Je suis, Monsieur Dadier, votre très-humble serviteur,

« C. F. THÉRY, lib. »

Ici les lettres se pressent, se heurtent. M. Pruvot reprend la plume.

Sibiville, le 20 Décembre 1854.

« Monsieur Théry,

« M. Dadier me charge de vous prier de lui envoyer la note des fournitures à lui faites par vous, année 1853-54 jusqu'aujourd'hui.

« Polycarpe devant aller à Arras vendredi ou samedi prochain, je vous prie de ne pas manquer de la lui remettre, parceque M. Dadier tient à l'avoir avant d'acquitter votre seconde traite, etc.

« Croyez-moi, Monsieur Théry, votre tout dévoué serviteur.

« Est signé : E. PRUVOT, prêtre. »

Je remis donc, non à Polycarpe, messager, mais à la belle-mère de M. l'abbé Pruvot, le compte général qu'attendait M. Dadier, et le lendemain de Noël M. Dadier en fut en possession, car madame Pruvot arriva le jour de saint Etienne, pour dîner au collége de Sibiville. Je comptais que M. Dadier allait l'examiner et me signaler des erreurs, si erreurs il y avait, car le mot erreur avait été tant de fois mis en avant. M. Dadier m'écrivit :

« Monsieur,

« Vos Mémoires ne suffisent pas pour vous donner les éclaircissements dont vous avez besoin. Il faut en outre une note détaillée de tous les paiements qui ont été faits ; cette note doit exprimer chaque paiement en particulier, avec les *dattes*, et même autant que possible les noms des personnes qui ont fait ces paiements.

« Si votre nouvelle traite m'est présentée, il est bien entendu que je ne l'acquitterai qu'aux mêmes conditions que la dernière.

« J'ai l'honneur d'être, Monsieur, votre très-humble serviteur.

« Est signé : DADIER. »

Sibiville, 2S Décembre 1854.

En lisant la lettre précitée, je crus vraiment avoir affaire avec quelque habile libéral de la Restauration et je répondis :

Arras, le 3 Janvier 1855.

« Monsieur Dadier,

« A en juger par le contenu de votre dernière lettre, il semble vraiment que vous vivez étranger à vos propres affaires ou que vous les gérez par un autre. Mais détournons-nous de cette pensée et venons à mes Mémoires.

« S'ils ne suffisent pas pour me donner les éclaircissements dont, à votre avis, j'ai besoin, je ne puis, je ne dois les trouver que dans votre droite et loyale probité.

« A quoi bon m'entretenir d'une note détaillée de tous les paiements qui ont été faits, d'une note qui doit exprimer chaque paiement en particulier et même autant que possible les noms des personnes par qui ces paiements ont été faits.

« Ai-je à m'occuper de dates et de noms de personnes chargées par vous de me verser des à-comptes ? Je me borne donc à vous déclarer que trois versements de 200 fr. m'ont donné 600 francs sur mes fournitures de 739 fr. 15 c. (années 1850-51) et que deux versements l'un de 200 fr.; l'autre de 100 francs m'ont donné 300 francs sur mes fournitures de 1851-52. La somme de 100 francs m'a été payée par M. Lépinoy, celle de 200 francs l'a été par M. Robert.

« Pour conclure, ma troisième traite est et reste maintenue, d'ici-là vous aurez eu le temps d'examiner et de réfléchir.

« Mes acquits sont et doivent être entre vos mains, ils expriment les paiements, les dates et les noms des personnes qui vous représentaient, il ne s'agit donc que de les relire, de les consulter pour éclairer votre religion; mais faisons trève à ces misères humaines et permettez-moi de vous offrir comme de coutume mes vœux et souhaits de bonne année et croyez-moi, Monsieur Dadier,

« Votre très-humble serviteur.
« C.-F. Théry. »

Comment fut-il répondu à ma lettre, nous allons le voir. La parole est à M. Dadier.

« Monsieur,

« En affaires les personnalités ne valent jamais rien, avec plus de raison que vous, je pourrais vous renvoyer les observations par lesquelles vous commencez votre lettre. A peu près pour chaque année il existe des différences entre vos Mémoires, ce que vous m'en dites dans plusieurs lettres en particulier, ce que vous dites des deux paiements faits par MM. Robert et Lépinoy est opposé à mes écritures. Ce qui pourrait prouver que vous ne mettez pas toujours en pratique les conseils que vous donnez aux autres.

« Ma dernière lettre a été faite de concert avec M. Pruvot ; je viens de lui lire votre réponse, il ne vous conçoit
pas du tout.

« Vous parlez de loyale probité, je ne conteste pas la
vôtre, veuillez aussi respecter la mienne. Je n'ai jamais nié
mes dettes, mais je n'ai jamais entendu de les payer deux
fois.

» Si le cas se présentait, ce ne serait pas le premier arrêt
d'un tribunal qui m'y ferait consentir.

« J'acquitterai votre traite de 200 francs. Vos lettres antérieures qui en déterminent l'objet me seront toujours une
garantie suffisante. Au reste j'aime à me persuader que tout
finira à l'amiable. C'est bien dans cette pensée que je vous
remercie de vos vœux, et vous prie d'accepter les miens.
M. Pruvot vous offre aussi les siens.

« Je suis bien, Monsieur, votre très-humble serviteur.

» Est signé : DADIER. »

Sibiville, 4 Janvier 1855.

Quoique ce fut plus que peine perdue, je repris la plume
et je répliquai :

« Monsieur Dadier,

« Il faut donc encore une fois reprendre les choses de
plus haut et je le ferai sans amertume, sans passion.

« J'admets qu'en affaires les personnalités ne valent
jamais rien. Je veux même reconnaître que vous seriez en
droit de me renvoyer les observations qui ouvrent ma dernière lettre, si vous n'aviez commencé par me dire, me
répondre que vous ne me deviez rien, ce qui me semble
plus fort que des différences dans mes Mémoires, si différences à votre détriment vous y rencontrez.

« Quant aux deux derniers paiements à moi faits par
MM. Robert et Lépinoy, ils sont, n'en déplaise à vos écritures, l'un de 100 francs, l'autre de 200 francs et les acquits
à eux délivrés doivent vous prouver que j'ai mis en pratique
pour moi des conseils que ma dernière réponse ne s'arroge
pas de vous donner.

« Votre lettre du 28 décembre a été, m'écrivez-vous,
faite de concert avec M. Pruvot ; je ne comprends point, je
ne m'explique point que lui votre bras droit ait eu la force

2

de se prêter à cette rédaction laquelle devait le gêner, le contrister.

« Vous lui avez lu ma réponse, il ne me conçoit pas du tout. C'est donc qu'il a cessé de me connaître ou qu'il me trouve inconséquent avec mon passé lequel n'est pas un secret pour lui ni une honte pour moi.

« Je ne joue point avec vous un rôle de normand : ne me faites donc pas dire ce que je ne dis et ne pense pas ; car en appeler à votre droite et loyale probité, ce n'est pas la soupçonner, la contester ni même l'attaquer, c'est la respecter et en faire cas.

« Ma réponse ne vous présente pas comme reniant vos dettes et, son intention n'est pas de vous faire payer deux fois.

« Enfin, rien de ma part ne vous provoquait à me jeter sur le papier : « Si le cas se présentait, ce ne serait pas le « premier arrêt d'un tribunal qui m'y ferait consentir. » Un pareil langage, s'il pouvait être pris à la lettre, au sérieux, annoncerait un homme plus que versé, plus qu'aguerri dans un genre d'escrime qui m'est inconnu ; mais passons cette verte sortie à votre dialectique et gardons-nous d'envenimer davantage la chose.

« Puisque vous acquitterez ma traite de 200 francs, soyez-en loué ! il ne vous restera plus qu'un troisième pas à faire pour me prouver et me convaincre que vous tenez à en finir à l'amiable ; ce pas, la conscience vous le conseille.

« Maintenant que vous avez en main mes Mémoires, c'est à vous de m'exhiber non mes acquits, mais au moins copie de mes acquits. Si réunis, additionnés, ils sont à quelques francs près l'équivalent de mes fournitures tout sera dit et terminé : montrez-moi clairement, nettement que je me trompe, que je me suis trompé. Je serai glorieux de reconnaître mon erreur et heureux de la confusion que vous aurez, Monsieur, infligée à

« Votre très-humble serviteur.

« C.-F. Théry. »

Ainsi que tout le donnait à pressentir, ma troisième traite revint impayée et protestée. Le samedi 20 janvier 1855 je pris la voiture de Frévent et j'allai coucher à Nuncq. Le lendemain, après Vêpres, l'instituteur communal me conduisit à Sibiville ; j'arrivai vers le soir au collége.

M. le principal se chauffait à la cuisine : ma présence inattendue lui fit comprendre le but de ma visite : il fit rallumer son feu et dix minutes après il m'introduisit dans sa chambre : on prit place auprès du foyer et après maintes inutilités, M. Dadier me dit : « Mais, Monsieur Théry, nous ne sommes pas d'accord, vous avez oublié d'inscrire. » — « Ah ! répliquai-je, c'est à désirer, Monsieur, et dans votre intérêt, et pour votre honneur. Vous avez mes acquits ; produisez-les, je m'inclinerai devant ma signature. Voyons, établissons nos comptes, qui redevra paiera. »

M. Dadier ne fut pas d'humeur à jouer jeu découvert ; aussi ne voulut-il produire ni Mémoires, ni Factures, ni Quittances : j'eus beau dire et beau faire, il fit plus que la sourde oreille et tout resta sous clef. Le temps se passait, on n'avançait en rien.

Mais arriva M. l'abbé Pruvot. Je crus qu'avec lui nous allions en sortir. M. Dadier restait immobile comme le vieux Entelle de l'Énéide : il me fallut l'agacer, le mordre, le piquer, le défier. Là-dessus il parla de ses écritures, il invoqua son livre, ce livre tant de fois triomphant. « Tenez, lui dis-je, ouvrez votre livre ; je reste au coin du feu et je vais vous désigner une par une les sommes qui m'ont été versées. » Le livre s'ouvrit sous la main tremblante et colère de M. Dadier. On fut, le livre et moi, parfaitement d'accord sur les deux premiers paiements ; mais le troisième par moi désigné n'était ni inscrit, ni mentionné sur le livre *aux écritures claires, formelles*. M. Dadier se trouvait donc en défaut. Lui, il avait oublié d'inscrire, mais son oubli se rachetait largement par l'inscription d'une somme de 300 fr. que M. l'abbé Pruvot (voir sa lettre du 28 février 1855 et suivantes) sera certain d'avoir payés, quoique ce jour là il eut déclaré ne m'avoir rien donné en 1852. Oserai-je dire qu'alors on discuta, on s'anima et que quelqu'un s'emporta, se porta même violemment sur M. Pruvot ? Laissons ce soin à ce pauvre M. Pruvot. Pour couper court, ma visite n'eut aucun résultat,

Longarumque mihi fuit irrita meta viarum.

Cependant le 30 janvier, j'écrivis à M. le principal :

« Monsieur Dadier,

« Dans ma visite du 21 janvier, je vous ai démontré,

prouvé jusqu'à l'évidence que vous m'étiez redevable sur les années octobre 1850 au 1ᵉʳ août 1851, octobre 1851 au 6 août 1852. Mes fournitures plus haut citées s'élèvent à 1,472 francs 50 centimes. Il m'a été payé 900 francs, il reste donc à payer 572 francs 50 centimes, sur laquelle somme je vous dois deux honoraires de Messes que vous avez déchargées pour feu mon fils aîné.

« Je suis convaincu que déjà vous avez reconnu que cet arriéré est par moi bien légitimement réclamé et que vous m'épargnerez le regret, la douleur de me produire devant une auguste autorité laquelle n'est pas le tribunal de Saint-Pol.

« Je serais fâché, je me reprocherais de venir par quelqu'éclat nuire à votre précieux établissement. J'attendrai donc jusqu'au 15 février pour agir. D'ici là, voyez, pesez, avisez et croyez-moi, Monsieur,

« Votre très-humble serviteur.

« C. F. Théby. »

Hâtons-nous de donner ici la réponse de M. le principal.

« Monsieur,

« Il paraît que chez vous l'évidence s'acquiert facilement. Est-ce l'assertion un peu précipitée de M. l'abbé Pruvot qui vous a donné cette évidence? Le lendemain même, M. Pruvot mieux renseigné aurait tenu un tout autre langage. En réunissant les 300 francs portés sur mon livre aux 200 francs payés par Polycarpe et les 300 donnés tant par M. Robert que par M. Lépinoy, il a pu voir que vous avez plutôt reçu trop que trop peu. Votre tenacité à revenir là dessus m'étonne de plus en plus.

« On m'assure que mille fois vous avez eu des mécomptes avec le grand séminaire et autres maisons. Comment alors pouvez-vous en conscience tant tenir à vos idées contre *mes écritures claires, formelles?* Devant Dieu, vous n'êtes pas innocent.

« Vous me menacez d'une autorité auguste ; cette menace de votre part est une injure pour moi, car elle supposerait que je suis de mauvaise foi ; j'en suis fâché pour vous si vous ne le sentez pas. Vous avez déjà, comme une vraie femme, parlé de cette affaire dans des presbytères. Mon cher Monsieur, je ne vous crains ni devant l'autorité civile, ni devant l'autorité ecclésiastique. Je vous engage toutefois à réfléchir avant d'agir, cela surtout dans l'intérêt de votre conscience. Vous paraissez croire que par cette démarche vous feriez beaucoup de mal à mon établissement ; cela serait-il vrai, je n'en serais pas plus effrayé. Je cherche à faire le bien ; quand la méchanceté des hommes m'en empêche, je remets tout entre les mains de Dieu qui connaît ma bonne intention, qui ne me demandera pas compte d'un bien que les mauvaises volontés humaines ont rendu impossible.

« Je crois devoir vous prévenir que je ne répondrai pas davantage à vos lettres sur la question qui nous divise.

« Je suis bien, Monsieur, votre serviteur.

« Est signé : DADIER, prêtre. »

Sibiville, 12 *Février* 1855.

M....., vicaire général avait bien voulu écrire à M. le principal sur la question qui nous divisait et il avait reçu une réponse que nous ne nous permettons pas d'insérer ici. Bornons-nous à reproduire notre réponse à M. le principal.

Arras, le 20 *Février* 1855.

« Monsieur Dadier,

« Pour prouver que vons ne me devez rien, la chose est simple et facile.

« Exhibez, produisez les acquits par moi délivrés toutes les fois que des versements m'ont été faits pour votre compte.

« Si réunis, additionnés, ils balancent et équilibrent mes fournitures, il sera péremptoirement établi que vous êtes de bonne foi, honnête homme.

« Jusque là soyez modeste et ne venez pas en nouveau Dom Quichotte vous risquer à mes écritures et vous battre avec elles.

« Mais, par respect pour vos cheveux blancs et le caractère sacré dont vous êtes revêtu, je laisse là, sans les relever, ce tas de misérables balivernes à peine dignes de l'ancien Charenton. Au lieu de vous évertuer à faire du vent, au lieu de me bégayer avec impudence : « On m'assure que mille fois vous avez eu des mécomptes avec le grand sémi-

naire et autres maisons. » Au lieu d'écrire à M P.....
« M. Théry ferait bien de mieux tenir ses écritures, » vous
auriez dû, surtout *dans l'intérêt de votre consciene*, réfléchir,
classer, mettre en faisceau mes acquits, les opposer à mes
Mémoires ou relevés de comptes ; et fort, nanti de ces matériaux irréfragables, m'infliger au su et au vu de l'autorité
diocésaine une confusion bien provoquée, bien méritée, si...

« Ce serait chose plus digne, plus courte que la proposition de venir à Arras avec vos écritures.

« De grâce, Monsieur, placez-vous sur le roc et non
dans la boue, cherchez votre force non dans les ténèbres,
mais dans la lumière, puisez la, non dans le chaos de vos
écritures, mais dans des éléments vrais et purs de tout alliage.

« M. P....., après mes explications, réclamait pour moi
570 francs et non 586 francs. Il croyait, il a dû croire que
dans cette différence vous trouveriez deux honoraires de
Messes, plus la petite somme par vous *rognée*.

« Que vous êtes heureux de trouver cette lacune et qu'à
merveille vous vous en saisissez pour nous honorer d'un
post-scriptum de chicaneur !

« Maintenant qu'il n'y a plus rien de bon à espérer, à
attendre de votre part, je ne puis que plaindre M. l'abbé
Pruvot et me dire, Monsieur,

« Votre très-humble serviteur,
« C. F. Théry. »

Ici M. Dadier s'enveloppe dans le manteau de son silence, mais voici venir M. l'abbé Pruvot qui, bien qu'il ait
pu voir *que j'avais plutôt reçu trop que trop peu*, bien qu'il
sache aussi bien que M. Dadier ce qui s'est passé, bien
qu'il soit convaincu que M. Dadier *ne doit rien*, m'écrit et
fait de la palinodie.

Collège de Sibiville, le 28 Février 1855.

« Monsieur Théry,

« M. Dadier m'a fait part de la lettre que vous lui avez
adressée dernièrement. J'ai eu le cœur navré des injures
dont vous y accablez un saint prêtre, qui lui, n'a jamais
supposé en vous qu'erreur mais non mauvaise foi. Vous
l'envoyez à Charenton, vous l'engagez a rentrer dans les

voies de la probité : ce qui lui serait difficile, puisqu'il n'en est jamais sorti. Dans cette même lettre vous me plaignez : je ne sais ce que M. Dadier vous avait écrit, mais Monsieur Théry, je ne suis pas à plaindre dans votre sens ; car je ne suis pas homme à mentir à ma conscience ni à me laisser gagner. Pour avoir fait un versement de 300 francs chez vous pendant les vacances d'août 1852; j'en suis maintenant certain, et j'ai fait en même temps des paiements chez M. Thuilliez-Lépinoy, chez M. Grimart, etc., etc.

« Tous ces paiements quoique faits dans le cours des vacances, ont été inscrits par M. Dadier à la date du 4 octobre 1852, parceque c'est ce jour là que je lui ai rendu compte de ces divers paiements.

« J'espère qu'un jour ou l'autre vous trouverez l'inscription de cette somme de 300 francs sinon sur votre registre, au moins sur quelque morceau de papier que vous n'avez sans doute pas laissé égarer. Dans le cas contraire il y aura erreur de 300 francs de votre part. *Quant au reste de votre différence de compte, je ne puis en rien dire.*

« Allons, Monsieur Théry, n'accusez pas aussi légèrement de mauvaise foi un homme tel que M. Dadier et croyez que je suis incapable du moindre faux témoignage, serait-ce pour sauver la réputation ou la vie de mon père,

« Je me dis toujours sans fiel et sans amertume, Monsieur Théry.

« Votre tout dévoué serviteur.
« Est signé: E. Pruvot, prêtre. »

Mauvais jour du 28 février 1856 ? pourquoi t'es-tu levé et as-tu laissé oublier à M. Pruvot que quant au reste de ma différence de compte il ne pouvait en rien dire : tu es coupable en ses lieu et place ! Sois maudit de l'avoir si mal inspiré lui incapable du moindre faux témoignage !

Mais transcrivons une autre lettre de M. Pruvot, lettre à nous apportée le 2 mars 1855 par le messager Polycarpe :

« Monsieur Théry,

« Je vous prie pour le mois de mars de donner encore une fois 15 fr. au lieu de 11 (c'était à Monsieur son père).

« N'oubliez pas le *Magasin catholique*, livraison fév. s. v. p.

« Votre tout dévoué serviteur.
« Est signé : E. Pruvot. »

« J'ajouté ces lignes à ma lettre qui date déjà de huit jours pour vous apprendre que j'ai maintenant acquis la certitude que j'ai fait chez vous un versement de 3oo francs dans le courant des vacances d'août 1852. Si vous ne le trouvez pas sur votre livre, c'est que vous en aurez tenu note ailleurs ; mais je ne crains pas de me tromper, parce qu'à la même date j'ai porté de l'argent chez M. Thuilliez-Lépinoy, chez M. Grimart, etc.; je regrette de n'avoir pu vous donner ces renseignements lors de votre voyage à Sibiville ; mais aux vacances de Pâques, je pourrai les appuyer par les registres des personnes nommées ci-dessus.

« Je conçois maintenant un peu plus, sans l'excuser toutefois, l'emportement de M. Dadier.

« Croyez-moi toujours, Monsieur Théry, votre vrai et dévoué serviteur.

« Est signé : E. P. »

Je répondis :

« Monsieur Pruvot,

« Je n'ai que trop, hélas! perdu mon temps avec M. Dadier. Je clos toute discussion, d'autant plus que la justice est saisie de notre affaire et que prochainement nous aurons l'un et l'autre à faire valoir devant elle nos titres réciproques.

« Je suis avec respect, Monsieur l'abbé Pruvot, votre très-humble serviteur,

« C. F. Théry. »

Le mercredi suivant, 7 mars, M. l'abbé Pruvot m'arrivait et, chose inconciliable, venait me solliciter adroitement de lui faire, à l'insçu de M. Dadier, des propositions d'arrangement, etc. Si ce n'était un piége à moi tendu, c'était une démarche laquelle témoignait peu en faveur de la cause à laquelle il se trouvait mêlé. Accepter une telle médiation, c'eut été me perdre dans l'esprit de mes adversaires, me renier, me suicider.

Mais le mois de mai arriva. Comme il était question et même arrêté de citer M. Dadier au tribunal de Commerce d'Arras, j'écrivis comme suit à M. Pruvot :

Arras, le 3 Mai 1855.

« Monsieur Pruvot,

« Au moment où doit se dérouler le long drame pendant entre M. Dadier et moi, je croirais avoir à me reprocher si je ne vous soumettais différentes pièces qui s'y rattachent et en forment comme le nœud.

« Comme elles émanent toutes du collége de Sibiville, je ne ferai que vous les emprunter en les copiant textuellement ; je vous les donne par ordre de dates et comme des jalons par vous posés sur la route que nous avons parcourue ensemble. Je commence :

« 1° Le 10 octobre 1850, M Dadier m'écrivait :

« Monsieur,

« Je ferai déposer chez vous sous peu le montant de ce qui reste à payer de votre Mémoire.

« J'ai bien l'honneur de vous saluer.

« Est signé : DADIER. »

« 2° Le 7 janvier 1852, vous, vous m'écriviez :

« Cher Monsieur,

« M. Robert d'Arras vous fera remettre 200 francs pour M. Dadier. Ces 200 francs seront à valoir pour le compte de M. Dadier.

« 3° Le 27 octobre 1853, vous m'écriviez :

« Monsieur Théry,

« Je crois que vous aurez demain 200 francs d'une part et 100 francs de l'autre. Il y a eu un peu de négligence du côté des 200 francs ou plutôt oubli.

« Un peu plus tard (votre lettre est sans date), vous m'écriviez :

« Monsieur Théry,

« M. Lépinoy vous remettra probablement 100 francs à valoir sur le compte de M. Dadier.

« Ces citations textuelles, je n'ai point à les analyser, à les commenter ; je les livre, Monsieur Pruvot, à vos méditations et surtout à celles de M. Dadier...

« Quant à moi, toujours sous l'impression de l'attaque

2*

directe, outrageante : « *On m'assure que mille fois vous avez eu des mécomptes avec le grand séminaire et autres maisons,* » je mets M. Ternois, huissier à Frévent, en demeure de citer au tribunal de Commerce d'Arras celui qui, poussé je ne dirai pas par quel génie, me l'a jetée bassement à la face.

« Des pièces dûment quittancées feraient bien mieux son affaire que des *on* lesquels ne prouvent qu'une chose ; mais laissons la phrase inachevée et croyez-moi, Monsieur Pruvot, votre très-humble serviteur.

« C.-F. THÉRY. »

RÉPONSE DE M. PRUVOT.

Sibiville, le 4 *Mai* 1855.

« Monsieur Théry,

« Si l'affaire pendant entre M. Dadier et vous est un long drame, c'est à vous seul que je crois devoir en attribuer la cause, lorsque je me rappelle la conversation que j'ai eue avec vous en vous conduisant à l'Evêché et la promesse que vous m'avez faite alors. Jusqu'à présent vous ne m'avez encore manifesté aucune idée de conciliation : mais j'arrive de suite aux pièces que vous dites soumettre à mes méditations.

« 1° M. Dadier, dites-vous, vous écrivait, le 10 octob. 1850, qu'il ferait déposer chez vous sous peu le montant de ce qui restait à payer de votre Mémoire En jetant un coup d'œil sur le compte que vous avez envoyé, j'y vois que, déduction faite de 12 francs et centimes, M. Dadier ne vous devait rien à cette époque : il aurait donc cru vous devoir lorsqu'il ne vous devait pas. (Voir pour s'édifier, se renseigner les trois lettres des 9 et 10 octobre 1850, pages 2 et 3.)

« 2° Le 7 janvier 1852, je vous écrivais que M. Robert vous remettrait 200 francs : quelques jours après, vous les avez en effet reçus. (Nulle contestation sur cet à-compte.)

« 3° Le 27 octobre 1853, je vous écrivais que vous receviez 200 francs d'une part et 100 francs d'autre part. Quatre jours après vous touchiez 200 francs de M. Robert et 100 francs de M. Lépinoy.

« 4° Un peu plus tard, dites-vous, je vous disais que M. Lépinoy vous remettrait 100 francs. Ici vous vous trom-

pez, Monsieur Théry, cette lettre non datée est de janvier 1853. En revoyant mon compte, vous vous convaincrez
que je n'ai pas eu cinq abonnements au *Magasin c.* en 1854.
Or, ces 100 francs, vous les avez reçus le 2 février 1853.

« M. Dadier, ajoutez-vous, vous a attaqué d'une manière directe et outrageante en vous parlant de mécomptes
que vous auriez eus avec le grand séminaire et autres maisons. M. Dadier voulait dire par là que vous pouviez,
comme beaucoup, commettre des erreurs involontaires
dans vos comptes, ce qui n'est pas contestable. Je ne vois
pas grand outrage dans son observation, car certainement
M. Dadier n'a jamais voulu dire que vous étiez un coqnin ;
il n'a fait d'ailleurs que vous répéter ce qui lui avait été dit
par deux ecclésiastiques que vous connaissez et estimez.

« Enfin, Monsieur Théry, vous m'annoncez que vous
allez faire comparaître M. Dadier devant le tribunal d'Arras ; c'est en effet le plus grand théâtre que vous puissiez
choisir pour donner plus d'éclat au scandale. Je vous avoue
que j'ai beaucoup de peine à concilier cette idée avec l'o-
pinion que j'avais conçue de vous.

« Je termine en vous renouvelant l'assurance que je suis
encore et serai toujours intimement convaincu d'avoir remis chez vous, pour le compte de M. Dadier, la somme
de 300 francs dans la première quinzaine d'août 1852.

« Croyez-moi toujours, Monsieur Théry, votre très-
humble serviteur.   Est signé : E. PRUVOT, prêtre. »

Plus de deux mois se passèrent sans qu'il fut rien échangé
entre M. Pruvot et moi, mais notre abbé professeur de
rhétorique narrait, expliquait notre affaire sous des cou-
leurs si favorables au bon M. Dadier que l'on eut cru entendre la bonne foi incarnée : il m'en fut rapporté quelque
chose. Là dessus j'écrivis à M. le professeur de rhétorique :

Arras, le 21 Juillet 1855.

« Monsieur Pruvot,

« Vous expliquez notre affaire d'une manière si déloyale,
si tortueuse, si peu digne que vraiment je ne puis que vous
plaindre, car vous êtes à plaindre aux yeux de celui qui
s'étonne d'avoir aujourd'hui plus qu'à se plaindre de vous.

« Si, fidèle aux conditions par vous proposées et posées,

vous m'aviez payé de six mois en six mois, au lieu de traîner comme vous l'avez fait, vous seriez moins malade et
plus considéré.

« Si vous aviez respecté ma position d'honnête homme,
si vous vous étiez respecté vous-même par un solde exact
et ponctuel, jamais vous n'auriez été amené à m'écrire :
« M. Dadier est honteux de vous devoir depuis si long-
« temps, etc , etc. »

« Quand vos à-comptes n'ont été que des à-comptes
tiraillés, saccadés; vous devriez être modeste, avoir au
moins le courage et la dignité du silence.

« En face des mille et pitoyables misères qui vous échap-
pent et préparent votre honte, la rougeur me monte au
front pour vous; ce serait encore peu si je n'avais à trembler pour votre avenir.

« Depuis plusieurs mois, j'ai reçu tant et de si singulières versions sur votre vous-même que je me suis abstenu
de vous écrire ; si ma plume se permettait de vous les soumettre, vous en seriez anéanti.

« Vos lettres que vous m'avez adressées, que j'ai con-
servées devaient vous dire qu'il ne vous appartient pas de
projeter un vernis d'incurie sur un homme que vous savez
n'être pas un fripon. Votre conscience doit vous répéter et
le jour et la nuit qu'un pareil vernis vous deviez le garder
pour vous.

« Pour me résumer, si M. Dadier est de bonne foi, dans
la bonne foi, vous devez vous accuser terriblement.

« Mais la charité me commande de m'arrêter et je suis
avec respect, Monsieur l'abbé, votre très-humble servit.

« C.-F. Théry. »

Nos expressions, notre style provoquaient une réponse,
laquelle ne se fit point attendre. La voici :

Sibiville, le 24 *Juillet* 1855.

« Monsieur Théry,

« Votre lettre du 21 courant m'a fort étonné et profondément affligé; j'y répondrai néanmoins avec franchise et
sans fiel.

« Dans la manière dont j'ai expliqué l'affaire pendant
entre vous et M. Dadier, j'ai toujours supposé une erreur

involontaire pour les 3oo francs que je prétends avoir remis chez vous en août 1852. Je ne vois pas de déloyauté dans cette assertion puisque j'en suis convaincu et que ce n'est pas sans de bons motifs.

« Vous m'accusez d'inexactitude, de retard dans les paiements, croyez, Monsieur Théry, que chaque fois que j'en ai reçu l'ordre de M. Dadier, je me suis toujours empressé de faire ces paiements.

« Avez-vous jamais eu à vous plaindre de mon propre compte avec vous? Vous me recommandez le silence : je n'ai jamais cherché l'occasion de parler de cette malheureuse affaire ; au contraire je l'ai toujours évitée avec le plus grand soin autant qu'il m'a été possible : mon père ne l'a même apprise que de M. Dadier dans son voyage à Arras.

« Si vous voulez parler du serment que je serai peut être appelé à prêter, croyez-vous qu'avec la conviction que j'ai d'avoir remis chez vous 3oo francs, je puisse n'en pas prêter le serment en faveur de M. Dadier? Si j'étais convaincu du contraire, pourrais-je ne pas prêter ce serment en votre faveur? Vous me parlez de craintes pour mon avenir; ces craintes fussent-elles fondées, devraient-elles me faire agir contre ma conscience? Ne mériterais-je pas plutôt dans ce cas, l'ignominie dont vous me menacez?

« Vous avez entendu des versions singulières sur mon compte : cela est possible.

« Il n'y a pas d'assurances contre la calomnie : mais depuis dix ans que j'habite Sibiville (et ce temps suffit pour être connu, je crois pouvoir défier qui que ce soit de porter avec justice atteinte à ma réputation.

« J'ai jeté un vernis d'incurie sur vous, probablement en disant que le versement des 3oo francs n'était pas porté sur votre livre. Mais, Monsieur Théry, tout soigneux que vous pouvez être, vous pouvez comme tout autre, oublier sans qu'il y ait incurie de votre part.

« Enfin, Monsieur Théry, jamais je n'ai attaqué votre probité et toujours j'ai pris votre défense quand on l'a attaquée devant moi.

« J'ai seulement dit une fois que, j'avais de la peine à concilier votre entêtement avec la délicatesse de conscience que je vous supposais.

« Mais moi, Monsieur Théry, à vous entendre je suis un fripon, je dois m'accuser terriblement: pour vous dire toute ma pensée, je ne crois pas que vous ayez parlé selon vos propres convictions; en tout cas vous pouvez rechercher dans toute ma vie, vous n'y trouverez pas un seul fait qui puisse justifier vos paroles.

« Vous savez, Monsieur Théry, tout ce que j'ai déjà tenté auprès de vous pour un arrangement; malgré les injures que vous m'avez écrites dans un moment d'emportement et que je vous pardonne de bon cœur, si vous vous laissez fléchir, si vous voulez faire quelque proposition, écrivez-moi et vous me verrez aussi empressé que par le passé à user de tout mon crédit auprès de M. Dadier pour l'y faire consentir.

« Veuillez me faire l'honneur de croire à la sincérité de mes paroles et de mes civilités.

« J'ai l'honneur d'être, Monsieur Théry.

« Votre très-humble serviteur.

« Est signé : E. PRUVOT, prêtre ind. »

Il fallait en finir avec M. l'abbé Pruvot et ses tardives propositions d'arrangement, propositions d'ailleurs, plus meilleuses que sincères. Ses lettres antérieures, sa conduite louvoyante étaient de nature à nous inspirer quelque défiance; sa nullité, son impuissance auprès de M. Dadier se traduisaient en tout et partout : Je lui répondis donc :

Arras, le 27 *Juillet* 1855

« Votre réponse du 24 de ce mois tend, par sa teinte veloutée, à m'appeler, à m'amener sur le nouveau terrain où depuis fin février dernier, vous vous êtes résolument placé.

« Vous m'y attirerez sans peine le jour où, au lieu de prétendre m'avoir, en août 1852, remis chez moi 300 francs vous me le démontrerez par un titre irréfragable, c'est-à-dire par un acquit d'égale somme signé de ma propre main.

« Jusque là vous me permettrez de croire qu'un serment tel que celui qui pointe dans votre subtile digression est la ressource des gueux, des fripons et des mauvais payeurs contre lesquels il n'y a point d'*assurances* que je connaisse.

« Après tout, que sera le serment tombé de vos lèvres de prêtre ? Un éclair dans le nuage plombé des négations de M. Dadier.

« Inutile d'aborder en détail le contenu de votre réponse.

Qu'est-elle autre chose qu'un lâche tissu de phrases creuses lesquelles méritent peu l'honneur d'une simple réfutation.

« Que vous n'ayez jamais attaqué ma probité, soit. Que vous l'ayez même défendue si elle a été l'objet de certaines attaques, soyez loué d'avoir pris fait et cause pour un absent qui pourrait peut-être se vanter d'avoir abrité la vôtre; ne soyez pas moins loué d'avoir envoyé copie de ma dernière au digne et bon doyen de Saint-Nicolas.

« Mais, de grâce, gardez non pour vous, mais pour cet autocrate muré qui vous domine de toute sa hauteur, gardez le mot *entêtement* inconciliable avec la délicatesse de conscience que vous me *supposiez*.

« Loin de moi la pensée que vous soyez un fripon. Je serais même au regret que vous pussiez le devenir. Oui, Monsieur Pruvot, en n'admettant pas que vous me dressiez un guet-à-pens, je vous remercie sciemment de tout ce que vous avez déjà fait auprès de moi pour un arrangement, mais arrangement plus qu'impossible en face de l'obstination provocatrice, des négations entassées, superposées d'un homme que, malgré maints avertissements, j'ai la douleur d'avoir connu trop tard.

« C'est bien ici le cas de dire avec le poëte :

Sæpè malum hoc nobis..... prædixit ab ilice cornix.

« J'ai fini. Croyez-moi, Monsieur Pruvot, votre très-humble serviteur.   « C. F. THÉRY. »

Mais comment et par où finit M. l'abbé Pruvot ? Par se renier, c'est-à-dire par protester devant Dieu et devant les hommes contre ces lignes : « *QUANT AU RESTE DE VOTRE DIFFÉRENCE DE COMPTE, JE NE PUIS EN RIEN DIRE.* » (Voir sa lettre du 28 février 1855, pages 22 et 23.)

—

SURPRISE ET ÉTRENNE DE 1856.

Sibiville, le 1er Février 1856.

« Monsieur Théry,

« M. Taleux consentant à rester abonné au *M. C.*, quoique je n'aie pas encore vu M. Delmotte, je vous prie de continuer les trois abonnements. Je vous les paierai aux vacances de Pâques.

« J'ai l'honneur d'être, Monsieur, votre très-humble serviteur.   Est signé : E. Pruvot. »

—

Arras, le 11 Février 1856.

« Monsieur Pruvot,

« J'ai reçu votre honorée du 1ᵉʳ de ce mois.

« Vous me priez de continuer les trois abonnements au *Magasin catholique*. Je me rendrais tout naturellement au désir par vous exprimé, si des raisons que vous connaissez ne m'interdisaient toute relation même indirecte avec l'établissement dont vous êtes le puissant et indispensable Atlas,

« J'ai pour MM. Delmotte et Taleux la plus profonde estime et il me sera toujours agréable d'entretenir des rapports avec ces dignes ecclésiastiques : mais pour correspondre avec ces Messieurs, tout me commande, honneur et respect de moi-même, de récuser votre entremise toute bienveillante qu'elle paraisse.

« Dieu me garde de vous dire que vous avez avec moi par trop joué le rôle d'un faux frère, je ne blesserai même point votre facile susceptibilité en ajoutant que, grâce à vous seul, j'ai trop goûté de la pétaudière de Sibiville.

« Et pourtant, si j'avais le beau talent d'Apelle, je devrais vous offrir quelques tableaux vrais et parlants. L'un représenterait M. Pruvot prêtant l'appui, le secours de sa magique adresse à deux insignes .... MM. Dadier et Théron, lesquels figureraient près de vous non comme deux larrons. L'autre reproduirait M. Pruvot rendant visite à M. Envent et amenant, par un habile tour de logique, la conversation sur le chapitre de C.-F. Théry, libraire. Ce dernier apparaîtrait dans un coin de la toile, gauche, apathique, négligent et oubliant de donner des acquits pour des sommes que le principal personnage prétendrait avoir versées. On lirait en grosses lettres sur vos lèvres pâles et tremblantes : « 300 *FRANCS, AOUT 1852* »

At non in tabulâ hâc partem Dadierus liberet.

« Je suis, Monsieur Pruvot, votre très-humble serviteur,

« C.-F. Théry. »

Arras, imp Le Mâle, rue des Rapporteurs, 6.

SUPPLÉMENT

AU

Coup-d'OEil Rétrospectif.

XVI. Si steterit testis mendax contra hominem accusans eum prævaricationis,

Si un témoin menteur s'élève contre un homme l'accusant de prévarication,

XVII. Stabunt ambo, quorum causa est ante, Dominum in conspectu sacerdotum et judicum qui fuerint in diebus illis.

Les deux parties viendront devant le Seigneur en la présence des prêtres et des juges qui seront en ces jours-là.

XVIII. Cumque diligentissimè perscrutantes invenerint falsum testem dixisse contrà fratrem suum mendacium.

Et, lorsqu'après un sévère examen, ils auront reconnu que le faux témoin a dit le mensonge contre son frère;

XIX. Reddent ei sicut fratri suo facere cogitavit et auferes malum de medio tui.

Ils le traiteront comme il a voulu traiter son frère et vous ôterez le mal du milieu de vous.

XX. Ut audientes cæteri timorem habeant et nequaquam talia audeant facere.

Afin que les autres entendant, soient dans la crainte et qu'ils n'osent faire rien de semblable.

XXI. Non miserebis ejus, sed animam pro animâ, oculum pro oculo, dentem pro dente, manum pro manu, pedem pro pede exiges.

Vous n'aurez pas pitié de lui; mais vous exigerez âme pour âme, œil pour œil, dent pour dent, main pour main, pied pour pied.

DEUTERON. CAP. XIX.

MESSIEURS,

C'est chose exceptionnelle, insolite, extraordinaire qu'un simple laïc soit admis comme dénonciateur, comme plaignant, comme accusateur à votre barre saintement terrible, saintement redoutable; et, par une étrange singularité, c'est contre un jeune ministre des autels que ma dénonciation est formulée, que ma plainte est portée, que mon accusation est intentée, dirigée.

Je partage, Messieurs, votre étonnement ; je m'explique votre répulsion à vous charger de cette affaire, à y donner suite : mais permettez-moi de rassurer vos consciences inquiètes, alarmées et d'espérer que ce regrettable débat, loin de me ravir votre estime, me la conquerra mieux assise et plus forte.

Je me produis dans cette auguste enceinte sans haine ni passion hostile ; j'y viens fort de mon droit, de ma conscience et preuves en main, non incriminer la personne sacrée du prêtre ; mais démasquer, signaler dans un prêtre homme comme moi des actes palpitants de la plus révoltante astuce, de la plus flagrante iniquité. *Verba oris ejus iniquitas et dolus : noluit intelligere ut benè ageret.* Ps. 35, v. 3.

Il me coûte, il me peine d'avoir à m'acquitter d'un pareil ministère, d'être, par la force des choses, engagé malgré moi dans une lutte que plusieurs de vos vénérables confrères dans le sacerdoce eussent voulu détourner, conjurer ; j'applaudis aux intentions généreusement charitables de ces hommes de paix, de ces hommes mûs par un véritable esprit de paix ; et cette tâche bien au-dessus de mes forces m'eut fait hésiter, reculer, si je n'avais à mon appui l'évidence irrécusable, la palpabilité matérielle des faits, si mes habiles adversaires, malgré leur supériorité pratique, ne s'opposaient, sans s'en douter, l'un à l'autre, ne se détruisaient l'un par l'autre et ne me fournissaient des armes pour les vaincre et les terrasser à mes pieds. *Turbati sunt et moti sunt sicut ebrius et omnis sapientia eorum devorata est.*

C'est ce qu'a trop bien senti notre perspicace et éminent Prélat ; c'est ce qui n'a point échappé à sa puissante intelligence, à son génie profondément scrutateur, à sa pénétrante sagacité, et c'est aussi grâces à sa bonté sagement protectrice, hautement impartiale que je puis protester, élever ici la voix, me justifier, me réhabiliter devant vous et interjeter par devers vous appel d'un arrêt prononcé non par le juge, mais par la lettre inflexible, inexorable de la loi.

Ici, Messieurs, dans ces assises chrétiennement solennelles où la prescription ne saurait être invoquée, où les juges sont, non dominés par la loi, mais inspirés, dirigés, guidés par la conscience, votre justice, reflet naturel, douce et pure émanation de la justice divine, sera ma force, mon bouclier dans ce duel de la vérité contre le mensonge, de la loyauté contre la perfidie, de la franchise contre la duplicité. *Induantur, qui detrahunt mihi, pudore : et operiantur sicut diploïde confusione suâ.* Ps. 108, v. 28.

Pour juger sainement par qui, par quoi a été amené, provoqué ce triste duel ; pour en bien comprendre, en bien saisir tout l'odieux ; pour découvrir de quel côté se trouvent la volontaire incurie, l'insidieuse négligence, il suffit tout simplement de lire, de parcourir le *factum*, le *memorandum* remis, soumis à vos impassibles lumières, à votre libre et prudente appréciation.

Dans cet amer et prolixe débat, j'aurai souvent à comprimer, à refouler au fond de mon âme les flots d'indignation qui l'agitent et la bouleversent ; j'aurai surtout à cœur d'établir que mon innocente droiture, que ma trop confiante ingénuité furent providentiellement un piège pour l'improbité, pour la complicité ; et que des courtoisies cruellement déguisées et finalement avouées (*In concilio impiorum,* Ps. 1.) légitimèrent ces sorties irréfragables, ces reproches accablants que là-bas on qualifiait d'injures.

Celui qui, le 28 février dernier, sut, à Saint-Pol, être digne, se respecter, respecter même un prêtre sans dignité, sans respect de lui-même, un prêtre sciemment parjure ; celui-là, Messieurs, se souviendra que vous tenez ici la place de Dieu et que Dieu seul jugera par votre bouche. Il me tarde, Messieurs, d'entrer en matière : votre grave, votre scrupuleuse attention m'est acquise. je commence :

Pone, Domine, custodiam ori meo : et ostium circumstantiæ labiis meis. Ps. 140, v. 3.

C'est le 26 juillet 1849 que M. Dadier, principal du collége de Sibiville, *plus par intérêt pour ma maison que par utilité pour la sienne,* se met en rapport avec moi et me fait demander pour sa distribution de prix un assortiment de livres lesquels me sont, dans le cours des vacances, payés par son gérant, M. l'abbé Pruvot : nous réglons assis à mon secrétaire, le compte est rayé, barré et je délivre quittance au payeur lequel la disait inutile, peu nécessaire. Durant ces mêmes vacances, le fondé de pouvoirs de M. Dadier me vient plus d'une fois : mon aimable et grâcieux visiteur me parle de continuer mes relations avec Sibiville et propose à ma novice expérience de traiter à six mois : sa proposition est par moi franchement acceptée et le 26 octobre suivant j'expédie les classiques demandés *pour les besoins de l'établis-*

sement, et, presque sans y penser (car le temps passe si vite),
on se trouve en mars 1850 : le terme convenu (de six mois)
approchait ; je le rappelle à M. Pruvot lequel, non en com-
missionnaire mais en gérant, me répond (voir sa lettre
du 12 mars) que M. le principal est à court de fonds ; qu'il
pensait bien à moi, mais que, vu l'approche de Pâques, il
a cru qu'il pouvait attendre cette époque pour régler avec
moi. On ne règle ni à Pâques, ni à Pentecôte, ni lors de
mon voyage à Sibiville, car M. Dadier (je cite ses paroles)
n'a point d'argent. On ne règle même pas en juillet. Arrive
le mois d'août ; des livres de prix me sont demandés, je les
expédie. Les grandes vacances viennent et ramènent à
Arras M. l'abbé Pruvot lequel, un jour vers le soir, m'apporte un à-compte de 200 francs à valoir sur le mémoire
de 372 francs 15 centimes. Inutile de dire qu'un acquit
d'égale somme lui est délivré. Mais déjà l'on est en octobre
et le 9 de ce mois M. Pruvot m'écrit : « Je vous envoie
par Polycarpe les 167 francs que je n'ai pu vous remettre
avant mon départ.... » M. le principal, l'homme à court de
fonds se charge ici de déclarer, de prouver que les 167 fr.
sont restés à Sibiville. « Je garde, écrit-il, sur la lettre
même de M. Pruvot, je garde l'argent dont vous parle
M. Pruvot ; je vous ferai tenir une égale somme par une
autre voie, comme je vous le dis dans ma lettre. »
Mais, en vigilant économe, M. Pruvot mentionne, inscrit comme payés *les 167 francs gardés par M. le principal*
et cette inscription figure *non sur quelque morceau de papier,
non sur la couverture de quelque registre,* mais sur son registre à lui, espèce de registre à soupape ; et c'est nanti de
ce registre sibyllin que M. Pruvot me répondra (voir sa
lettre 4 mai 1855) : « *M. Dadier ne vous devait rien le 10 octobre 1850 : il aurait donc cru vous devoir lorsqu'il ne vous
devait pas.* »
Singulière gestion que celle-là ! Messieurs ; admirable
et merveilleux chef-d'œuvre d'ordre, d'habile tactique,
d'exacte fidélité dans la tenue des écritures ! paiement aussi
fabuleux que chimérique ! venez servir d'authentique précédent, de base première, de pierre fondamentale à ce
beau versement de 300 francs que, depuis le 28 février 1855,
le cerveau poëtiquement rétrospectif du caissier M. l'abbé
Pruvot (voir sa lettre) sera certain d'avoir fait chez moi
pendant les vacances d'août 1852. Mais soyons sobre de

citations. Nous sommes toujours en 1850 ; la première semaine de décembre le messager Polycarpe m'arrive et, à
peu de chose près, dépose chez moi *le montant de ce qui
restait à payer de mon Mémoire* : quittance est délivrée à
Polycarpe lequel ne l'a ni perdue, ni bue, ni égarée en
route. Cette quittance contenant un mot lequel paraissait
militer en faveur du brave M. Dadier eut, par cela seul, le
privilége de faire les voyages d'Arras et de Saint-Pol ;
d'être admise devant des juges, tandis que ses sœurs aînées
et puînées gémissaient captives, emprisonnées, gardées à
vue dans le mystérieux collége de Sibiville. Mais n'allons
pas oublier que le 2 août 1850 nous avons fourni à M. Dadier des livres de prix lesquels restaient encore à payer le
13 mars 1851. Peu de jours auparavant j'en avais sonné
quelques mots à mon correspondant habituel, M. Pruvot,
et, le 13 précité, il m'écrivait laconiquement : « Pour la
question d'argent, M. Dadier ne m'a encore donné aucune
réponse, mais je crois qu'il n'est pas fort en fonds pour le
moment et qu'il serait bien aise de ne solder qu'à Pâques, etc., etc. »

Ma foi ! les mois de mars 1850 et 1851 sont des vilains
d'oser en complices calomnier ainsi M. Dadier, de le donner
à court de fonds ou peu fort en fonds : je m'étonne que
M. Dadier ne les ait pas cités en justice pour diffamation.

Mais, reconnaissons-le, la Semaine-Sainte venue, les
livres de prix fournis le 2 août 1850 furent totalement soldés et quittance délivrée.

Jusqu'à présent nous sommes, M. Dadier et moi, à la
différence de quelques francs, parfaitement d'accord ; et
si, de sa part, il y a, non ponctualité, mais retard dans les
paiements, nous aimons à confesser qu'il n'y a trace aucune
de dol, de mauvaise foi ; rendons-lui cette justice. Pourtant
je me réserve de revenir en temps et lieu à M. l'abbé Pruvot et à son paiement de 167 francs lequel je mettrai en
parallèle avec son versement de 300 francs et les deux
soldes de compte si magiquement relatés dans le fameux
certificat légalisé par l'honorable maire de la commune de
Sibiville. Mais hâtons-nous d'arriver aux fournitures classiques, etc., par moi faites à M. Dadier depuis le 11 octobre 1850 jusqu'au 1er août 1851, et à celles faites depuis
le 17 octobre 1851 jusqu'au 6 août 1852 inclusivement.

Ces fournitures, suivant relevé de compte général duquel

copie a été délivrée, remise à M. Dadier le 26 décembre 1854, s'élèvent :

Année 1850-51 à la somme de. . . . . . .   739 f. 15
Année 1851-52 à la somme de. . . . . . .   733 f. 35
Soit pour les deux années réunies à la somme
totale de. . . . .   1.472 f. 50
Sur ces fournitures l'avoir de M. Dadier est de   900 f.
lesquels ont été versés comme suit : Savoir :
1852. Le 12 janvier par M. Robert . . . . .   200 f.
Vers fin du même mois par M. Lépinoy ou
autre. . . . .   200 f.
Le 5 novembre même année par le messager
Polycarpe . . . .   200 f.
1853. 2 février par M. Lépinoy. . . . .   100 f.
— 31 octobre par M. Robert . . . .   200 f.

Les trois premiers versements ont été imputés sur l'année 1850-51.

Les deux derniers versements l'ont été sur l'année 1851-52. (Voir mes lettres, pages 15 et 20 de ma brochure).

Comme les arriérés de compte des deux années précitées n'ont point été purgés, liquidés ; et que, pour m'échapper, M. Pruvot, avec ses ruses et stratagèmes, s'est réfugié dans un dédale inextricable, j'aurai, Messieurs, à l'y suivre, à l'y atteindre avec le fil conducteur que fort heureusement ses lettres m'ont laissé : je l'y poursuivrai même sans désemparer avec les factures que vous avez entre les mains, factures qui prouvent péremptoirement que pour inventer son prétendu versement de 300 francs, ses prétendus soldes de 1° 139 francs 15 centimes ; 2° 133 francs 35 centimes, ce comptable devenu forgeron s'est appuyé par anachronisme sur mon relevé de compte général duquel j'ai fait mention plus haut. Au lieu de placer son prétendu versement de 300 francs aux vacances d'août 1852, à sept semaines environ du jour où je lui prêtais 850 francs, à deux mois de l'époque où il m'écrivait : *M. Dadier est honteux de vous devoir depuis si longtemps...* M. Pruvot eut été plus logique de le rejeter aux vacances d'août 1851 ; là, il y avait, sans crainte de se heurter, de se briser à ses lettres, place pour intercaler des versements, puisque depuis le 18 avril même année jusqu'à fin décembre suivant, on ne trouve aucun vestige d'à-comptes et qu'il faut arriver à janvier 1852 pour en découvrir, en apercevoir.

Mais, me dira-t-on, quand vous saviez M. Dadier si traînard, si lent à payer, pourquoi ne l'avoir point pressé davantage? Pourquoi lui avoir accordé de si longs crédits? Pourquoi avoir laissé passer les termes convenus? Il y a aussi des torts de votre côté, et votre négligence n'est pas absoute par la négligence et les atermoiements de M. l'abbé Dadier, etc., etc.

A toutes ces objections je ne répondrai pas : M. Dadier était toujours gêné, toujours à court de fonds ; assez d'antécédents sont là pour l'attester. Je n'ajouterai pas : M. Dadier était mauvais payeur ; rien encore n'était venu me le prouver. Les longs crédits, malgré moi, M. Dadier se les accordait, malgré moi je les subissais ; les termes convenus, je les rappelais, faute de fonds, faute d'argent M. Dadier les outrepassait et je faisais plus qu'en gémir, je craignais... *Il y a eu négligence des deux côtés :* un pareil langage emporte avec lui sa réfutation, c'est celui de conciliateurs faciles et d'indulgente composition, de pacificateurs circonvenus ou d'hommes qui, louables d'ailleurs, voudraient mettre l'éteignoir sur la lumière. Vous n'épouserez pas, Messieurs, ces assertions hasardées quand vous m'aurez entendu, suivi dans mes déductions, je devrais dire, mes angoisses...

Le dernier solde à moi fait par Sibiville datait à peine de trois mois et deux jours, quand hélas! le 20 juillet, s'éteignit, s'endormit dans le Seigneur celui que toutes les dignités, tous les honneurs de la terre réunis, accumulés sur sa tête blanchie ne purent préserver du tombeau, celui qui pendant un demi-siècle fut notre père et chef spirituel, le vénérable doyen des évêques de France, si pas du monde catholique, un prince de la Sainte Eglise Romaine, j'ai nommé Son Eminence Monseigneur le Cardinal de la Tour-d'Auvergne. Les pleurs donnés à son auguste cendre, l'affluence, le concours nombreux de prêtres, de fidèles accourus de tous les points de ce vaste diocèse pour rendre un dernier et solennel hommage à cet illustre mort passé des orages du temps aux paisibles splendeurs de l'Eternité, le deuil de notre Eglise veuve et désolée, tout alors, la douleur de l'orphelinage et le consolant espoir qu'il allait bientôt cesser, tout, dis-je, tout détourna nos pensées de l'établissement arriéré, peut-être obéré de Sibiville.

Tant est que les grandes vacances s'écoulèrent sans m'avoir apporté le moindre à-compte et que je vis arriver la mi-octobre sans avoir rien reçu de M. Dadier.

Alors les cœurs encore sous l'impression de la tristesse et du regret commençaient à s'épanouir à l'espérance, à la joie. Déjà nous avions plus que l'illusion, nous avions l'assurance d'un prochain bonheur ; mais nous sommes ainsi faits, notre impatience en aspirait la réalité. Le ciel dans sa gratuite faveur allait combler nos vœux et sa prévenance nous octroyait, nous envoyait ce docte et saint prélat que, quand il était évêque de Langres, nous admirions et aimions avec ce je ne sais quel secret désir de l'avoir pour père.

Destiné dans les desseins éternels pour être la récompense de ce diocèse encore foncièrement religieux et catholique, gardé comme en réserve par la divine providence pour être, dans ce siècle d'indifférence, de décadence morale, la règle, le modèle, l'exemple des pasteurs et des fidèles, Monseigneur P. L. Parisis prit, le 22 octobre, possession de son nouveau siège et fit, ce jour-là même, son entrée si précieuse indistincement pour tous dans sa ville épiscopale.

Jaloux de le posséder, glorieux de l'avoir à sa tête, le clergé, dans son élan spontané, se leva, se porta nombreux sur Arras pour voir, recevoir son chef et faire cortége à son évêque à travers les rues par où passa Sa Grandeur en se rendant à son église cathédrale.

Parmi tant de bonnes volontés venues de si loin, accourues à Arras ce jour-là, nous aimons à compter celle de MM. Dadier et Pruvot. Aussi vers le soir eûmes-nous la doctorale visite du haut personnel de la maison de Sibiville. Ces Messieurs nous la faisaient non pour nous apporter quelqu'argent, quelques fonds, mais pour quêter ou mieux conquérir et emmener avec eux comme élève pensionnaire, une première et bien douce espérance, un fils aîné que Dieu, contre nos courtes prévisions, devait hélas ! nous reprendre, nous redemander le mois suivant.

La douleur me permettra-t-elle d'ajouter que sept jours après l'arrivée de notre bien vénéré Prélat, ma bonne et chrétienne mère sortait à quatre-vingts ans de la vie, descendait dans la tombe et y précédait de dix jours à peine un petit fils que tant de fois elle avait tenu, porté dans ses bras, serré contre son cœur.

C'est tristement agenouillé, penché sur les tombes de mon fils et de ma mère, tombes qui se touchent, que j'ai vu mes perspectives d'avenir s'éclipser, s'évanouir et disparaître comme l'ombre fugitive, comme le léger nuage emporté par les vents ; c'est là que j'ai pris l'engagement de ne compter désormais qu'avec mon Dieu ; c'est là qu'avec fruit j'ai médité sur ce qui trompe et qui passe, sur l'inconstance et la mobilité des amitiés humaines ; c'est à la dure école de la mort laquelle en si peu de jours moissonnait si largement dans ma famille, que j'ai appris à me résigner à tous les sacrifices, excepté celui de mon honneur si jamais il était injustement compromis, attaqué ; c'est là que, sans trop y penser, je me suis fortifié, prémuni contre ces machinations d'occulte perfidie, de diabolique astuce, d'infernale duplicité qui déjà s'ourdissaient, se trâmaient lâchement contre moi dans les ravins fangeux de Sibiville.

Après ces épreuves sévèrement salutaires et pourtant si pénibles à la nature, une autre épreuve m'attendait, m'était encore réservée : mais le moment d'en parler n'est pas venu.

Disons que sans s'en apercevoir, moi du moins, on se vit en 1852 et que le 7 janvier, à défaut d'étrennes, le gérant, le bras droit de M. Dadier m'annonça comme prochain un à-compte de 200 francs lequel ne se fit point attendre, et cet à-compte, comme une sorte d'aimant, en attira, en amena bientôt un autre d'égale somme : tous deux furent portés à l'avoir de M. le principal (année 1850-51).

Oui, Messieurs, le bon vieux papa Dadier prenait son temps, marchait à pas de tortue ; mais, toujours, à en juger par les apparences il était de bonne foi, il allait droit chemin et il n'improvisait pas de ces versements fantastiques qu'est seule capable d'imaginer, d'inventer une rouerie louvoyante et concussionnaire : mais j'ai promis de me comprimer, cramponnons-nous à la question principale :

Les deux versements ci-dessus repris, une fois effectués, on fit longue halte là-bas, et n'en déplaise à M. Pruvot, avec ses vacances d'août 1852, ce ne fut que le 4 novembre suivant que M. Dadier, *toujours un peu gêné*, m'envoya par Hesdin Polycarpe un troisième à-compte de 200 francs lequel porte à 600 francs l'actif, l'avoir de la maison de Sibiville. Ne le perdez pas de vue, Messieurs, nous sommes en 1852.

Le 3 mars une nouvelle et terrible épreuve vint m'assaillir : ma fille que je n'espérais pas conserver, restait cinquante jours alitée : dans ces jours de poignantes préoccupations, de craintes incessantes, d'alertes journalières, je demeurais presque seul debout (car on avait prudemment éloigné mes autres enfants) et par une de ces coïncidences que nous ne déplorons pas, la besogne m'incombait plus forte que jamais par suite du retour à la Liturgie romaine : dans de telles circonstances, je le demande, n'avais-je pas plus besoin de paix, de calme et de repos que de brouille, de procès et de tracasseries et pouvais-je, raisonnablement parlant, suivre autrement que de l'œil et de la pensée le retardataire client que je devais, je ne sais trop comment, à M. l'abbé Pruvot.

Au lieu de compâtir à mes embarras à mes cuisantes peines, les habiles de Saint-James-sur-Canche, ont pu s'en servir, en abuser contre moi : mais là n'est pas le nœud gordien de notre différent.

Nous sommes en plein 1852, dans l'année qui couve des orages, recèle des tempêtes et provoque la foudre. Edifions-nous des lettres claires, expressives que nous avons sous la main, elles aideront puissamment à corriger, à débrouiller le chaos produit, introduit par M. l'abbé Pruvot, *elles dissiperont*, comme il le dit si bien, les ténèbres qui nous cachent la vérité ; bien plus elles infirmeront le prétendu versement de 300 francs que sonnent bien haut toutes ses palinodies postérieures au 27 février 1855 et notamment le solde de 139-15 auquel le certificat du 28 février 1856 assigne la date plus qu'incertaine de Pâques ou mai 1852. Mais, Messieurs, allons par gradation, procédons par ordre de dates : lisons les lettres de M. Pruvot des 24 mars et 1er avril lesquelles parlent d'argent dû non par M. Dadier mais par M. le professeur de rhétorique et ajoutons qu'à Pâques, aux fêtes de Pâques, cet argent nous fut remis et apporté par ce dernier.

Comme cet argent était le solde d'Antiphonaires, de Graduels, de Bréviaires, de Missels achetés par M. Pruvot lui-même, je n'avais garde de penser qu'il changerait les intentions de ce solde, et que, d'une main imprudemment fourbe il convertirait au profit de M. Dadier, un paiement fait pour articles achetés par lui-même, pour lui-même ou pour des ecclésiastiques qui le chargeaient de leurs acquisitions. Si M. l'abbé Pruvot avait, ce que je ne pense, oublié qu'à Pâques 1852, il m'a payé pour son propre compte à lui, 178 francs 75 centimes, qu'il me permette de le lui rappeler aujourd'hui, d'attester à la fois que jamais je n'ai eu à me plaindre de son propre compte avec moi, et d'ajouter que, dans son intérêt et pour son honneur, je désirerais bien qu'il en fut de même pour tout ce qui a trait au compte de M. Dadier avec moi.

Si, fidèle aux conditions par lui-même proposées et posées, le comptable, le fondé de pouvoir de M. Dadier avait exactement, ponctuellement payé, au lieu de me donner des à-comptes tiraillés, saccadés, si, au lieu d'attendre servilement, passivement les ordres de M. Dadier, M. Pruvot avait usé de son crédit pour lui rappeler de payer aux termes convenus, je n'aurais pas eu à le plaindre, je n'aurais pas à le plaindre, ni à m'en plaindre, mais, je le répète, je plains et *je ne puis que plaindre M. l'abbé Pruvot* pour avoir, malgré mes corrects et pourtant fraternels avertissements, creusé un abîme sous ses pieds : *Lacum aperuit et effodit eum et incidit in foveam quam fecit.* Ps. 19. Je plains M. Pruvot pour avoir obstinément fermé les yeux à la lumière, pour avoir voulu se jouer de ma confiance et la mettre en défaut, pour m'avoir tant de fois et en tant de sens dressé des piéges cachés sous les apparences perfides d'une amitié trompeuse : *Homo qui blandis fictisque sermonibus loquitur amico suo, rete expandit gressibus ejus.* Eccles.

Quand le 3 octobre 1852, j'ai prêté 850 francs à M. l'abbé Pruvot lequel ne peut ni désavouer, ni contester ce prêt : quand le 27 suivant M. Pruvot, m'écrit : « Monsieur Théry, M. Dadier me charge de vous dire qu'il est honteux de vous devoir depuis si longtemps, etc. »

Quand, le 4 novembre suivant, M. Dadier m'envoie 200 francs par Hesdin Polycarpe et ajoute : M. Pruvot vous a dit pourquoi je me trouvais un peu gêné, etc. »

Quand le 21 janvier 1855, dans mon chaleureux débat au collége de Sibiville, M. Pruvot ne pouvant résister à l'évidence, s'est écrié : « Ah ! Monsieur Dadier, je n'ai rien donné à M. Théry cette année-là (1852).

Quand aussitôt après mon départ, M. Dadier rentrant dans la cuisine, a dit à M. Pruvot : « Monsieur Pruvot, nous sommes confondus ! » Quand tout cela est positif, incontestablement vrai, de tous points vrai, on ne rougira point, le 28 février suivant, M. Pruvot ne rougira point de me présenter un prétendu versement de 3oo francs par lui fait, dira-t-il, chez moi pendant les vacances d'août 1852 : c'est de la fri....§vous m'avez compris, Messieurs, je n'achève point la phrase, mais ce n'est pas tout.

Quand depuis le 12 mars 185o jusqu'au 4 novembre 1852, tout dans votre établissement accuse plus que du malaise, plus que de la gêne, quand *vos à-comptes* ont toujours été, je le répète, *des à-comptes tiraillés, saccadés,* quand toute une correspondance se lève pour vous taxer plus que d'incurie, quand cette correspondance confond M. Pruvot par M. Dadier et M. Dadier par M. Pruvot, quand cette correspondance détruit, anéantit votre certificat du 28 février 1856, quand elle oppose M. Pruvot du 28 février 1855 à M. Pruvot du 28 février dernier, quand vous intercalez où bon vous semble des soldes factices lesquels évincent, flétrissent, déshonorent un homme *que vous savez n'être pas un fripon,* ne vous étonnez pas, Monsieur Pruvot, si cet homme, nouveau meûnier sans souci, s'est souvenu que, du temps du roi Frédéric, il y avait des juges à Berlin, et s'il en a cherché, trouvé ici de bien autrement dignes, de bien autrement graves que ceux de Berlin.

Mais assez de digressions.

Celui qui, Messieurs, le 27 octobre 1852 avait des fonds disponibles pour me payer, celui là même a cru sans doute que les 200 francs a moi remis, le 5 novembre, par Hesdin Polycarpe, le déliaient de l'engagement pris de me payer en janvier 1853 : la provision de blé projetée a été probablement très-forte ou plutôt la gêne de l'établissement sibivillien est passée à l'état de maladie chronique. Arrivons au 2 février, jour de la Purification et disons que ce jour-là un ouvrier de M. Lépinoy m'apporta dans une manne 5o francs en sous et autant en argent blanc. C'était vers midi et demi ; les espèces versées et comptées, l'ouvrier, l'homme de peine en reçut, en reporta quittance à M. Lépinoy, brasseur à Arras.

Ainsi celui qui, d'après M. l'abbé Pruvot, pouvait, le 27 octobre 1852, payer tout ce qu'il me devait, celui qui, au mois de janvier 1853, m'eut fait une avance pour compenser la prolongation du crédit, M. le principal du collége de Sibiville s'endormait à dessein, négligeait volontairement de payer ses vieilles dettes, oubliait insidieusement de s'en libérer et projetait déjà sans doute de m'opposer, dans un avenir plus ou moins éloigné, l'arme favorite de gens que je ne veux pas nommer, la prescription.

Mais le facile et trop complaisant intermédiaire qui (voir sa lettre du 3 février 1853) me demandait : « Vous a-t-on remis les 100 francs ?... » M. E. Pruvot à qui rien n'a coûté, à qui tous les moyens ont été bons pour sauvegarder la caisse et le quotient de M. le principal, viendra, dans un certificat par connivence improvisé, prendre Dieu et les hommes à témoin, protester qu'en la même année, de Pâques au Saint-Sacrement, il m'a, pour solde des fournitures de 1851-52, payé 133 francs 35 centimes.

En vérité, la foudre a des effets moins prompts.

Quoiqu'il en soit, je n'ai pas été le moins du monde surpris, étonné de cette singulière évolution, de cet étrange expédient ; depuis plus d'un an j'y avais été préparé par cet homme qui m'apparaissait capable de tout. *Etenim homo pacis meæ in quo speravi, qui edebat panes meos, magnificavit super me supplantationem.* Ps. 40, v. 10.

Qu'il me soit permis de rappeler à cet Achitophel lequel m'écrivait le 2 décembre 1852 : « Vous pouvez aussi me préparer un beau Bréviaire romain pour dans une quinzaine de jours ; j'espère ne plus rencontrer d'obstacle cette fois-ci, » qu'il me soit permis de lui rappeler que le 17 mai 1853, lui venant, arrivant à Arras pour recevoir le diaconat, me payait 40 francs pour son propre compte lequel était net de 45 francs ; et c'est à l'aide de ces 40 francs que le bourrelé transfuge s'aventure, le 28 février 1856, de m'exploiter, de m'escamoter les 133 francs 35 centimes dont je parlais tout à l'heure. *Iniquitatem meditatus est in cubili suo : astitit omni viæ non bonæ, malitiam autem non odivit.* Ps. 35, v. 4.

J'ai promis plus haut, Messieurs, de poursuivre avec les factures que vous avez entre les mains, de pourchasser le louvoyant comptable ; je le ferai le plus sommairement possible.

Ces factures s'élèvent totalisées :

Année 1850-51 à . . . . 741 f. 10
Année 1851-52 à 755   45

Soit pour les deux années spécifiées à 1,496   55

Ces diverses factures sont les seuls matériaux sur lesquels pouvaient être établis les deux soldes imaginés par M. l'abbé Pruvot. Donc, les notes des années 1850-51, 1851-52 n'ayant jamais été demandées ni délivrées, ces soldes hyperboliques, extatiques, hypothétiques, drôlatiques, fantasmagoriques devraient être l'un de 141 francs 10 centimes, l'autre de 155 francs 45 centimes. En face d'une vérité que rien ne saurait contrecarrer, démentir, contrebalancer, il demeure incontestablement prouvé, péremptoireme nt démontré que toujours M. Pruvot a nagé, s'est noyé dans le faux ; que ses versements de 139 francs 15 centimes, de 300 francs, de 133 francs 35 centimes n'ont jamais existé que dans sa tête frauduleusement volcanisée et que son œuvre rétroactivement homicide a été calquée, modelée sur la copie du relevé de compte général remise à M. Dadier le 26 décembre 1854.

Quelle écrasante accusation n'aurais-je point à formuler, à fulminer contre l'agent financier de M. le principal, si, comme ce dernier, avec ce dernier je prétendais que des fonds ont été remis à M. l'abbé Pruvot pour m'être versés et que, durant ses vacances, il a pu... ! Mais le tableau n'est déjà que trop chargé, je le laisse pour passer à fin juillet 1853. Le 28 de ce mois M. Pruvot m'écrit : « M. Dadier se plaint de n'avoir pas encore reçu la note qu'il a demandée. » Cette demande avait, on le voit, été déjà faite. Malgré mes justes et bien fondées appréhensions pour les fournitures antérieures, je fais la note laquelle est, le 29 juillet, délivrée à Hesdin Polycarpe et par lui remise à M. le principal. Peu de jours après, un quelqu'un de Sibiville m'apporte sur icelle un à-compte de 200 francs. Déjà l'on est à la veille des grandes vacances : aussi le retour à Arras de M. le professeur de rhétorique ne se fait-il guère désirer. Je le vois encore qui, par un beau matin, m'arrive tout jubilant et, après maint compliment échangé, grille de me dire : « Ces jours derniers, on vous a remis, apporté 200 francs ? » Et moi de répondre : « Oui, monsieur Pruvot. » Ce sont justement ces 200 francs que, sans égard aucun pour les dates et jaloux de tout embrouiller, le têtu praticien de Sibiville s'obstine à classer parmi les trois versements de 200 francs par moi portés à son actif de 1850-51 (voir page 15 de ma brochure), afin de mieux parvenir à me jeter avec un cynique dédain cet indélicat *valeat* : « Il

(M. Pruvot) a pu voir que vous aviez plutôt reçu trop que trop peu. » (Voir sa réponse page 20 de ma brochure.)

Mais ne nous écartons pas des grandes vacances 1853 et ajoutons que M. Pruvot m'apporta 1° la somme de 100 fr., 2° la somme de 119 francs 80 centimes, solde du mémoire de 1852-53 et ce solde, M. le comptable le sait, ne l'a point oublié, est inscrit, a été inscrit sur la couverture de mon registre, car je n'avais pas le temps *d'en tenir note ailleurs.* Aussi, le 28 février dernier, jour de délirant et coupable triomphe pour les Huppés de Sibiville, l'ingrat abbé Pruvot, non moins pour vanter son abject servilisme, ses déguisements déhontés que pour assaisonner, égayer le festin qu'en nouveau Balthazar il offrait, il donnait aux dignes avocat et avoué de M. Dadier, ricanait-il à gorge déployée sur l'inscription précitée et avouait-il avec une amère dérision, avec un rire sardonique que depuis novembre 1854 jusqu'au 1er février, 1356 il avait, dans toutes ses lettres et réponses, joué avec moi la fine comédie du dol, de l'astuce et de la duplicité. *Cujus maledictione os plenum est, et amaritudine et dolo : sub lingua ejus labor et dolor.* Ps. 9, v. 29. Mais il glosait et ricanait sur le volcan de ses perfidies et de ses nombreuses iniquités.

L'aveugle ! l'insensé ! il ne voyait point au-dessus de lui la main vengeresse qui déjà traçait, écrivait son arrêt, sa condamnation ; il ne sentait pas, il ne s'apercevait pas que la mesure de ses méfaits était comble, que ses complicités de Sibiville étaient comptées, que son œuvre de faussaire avait été mise dans la balance et que le triomphe du parjure allait être détruit.

Hélas ! Pourquoi m'écarter ainsi des vacances de 1853 et n'avoir pas avancé plus tôt que c'est, n'en déplaise à M. l'abbé Pruvot, pendant ces vacances et non pendant celles de 1852 qu'il m'a été dit par lui : « Au moins, pour cette année, vous n'aurez encore à redouter aucun des dangers que vous a prédits M. Autricque. » ? Je m'estimerais trop heureux si ces dangers si bien prédits n'étaient point restés à redouter pour les reliquats des années 1850-51, 1851-52, lesquels seront payés..... — (Voir pages 22 et suivantes de ma brochure), lesquels seront soldés..... — (Voir le fameux certificat). Ah ! pardon, monsieur Pruvot, j'allais ne pas reconnaître que les livres de prix de 1853, vous les avez aussi payés, j'ajoute même que, vous n'aviez plus que

5o francs par vous perçus pour M. Dadier et que le surplus vous l'avez extrait, tiré de votre émérite porte-monnaie. Pour cette fourniture de livres il m'était dû quelque chose comme 86 francs 35 centimes. Ainsi, mon bon monsieur, vous m'avez, pendant vos vacances de 1853, payé vous-même 3o6 francs 15 centimes. Que ne m'avez-vous, à 6 francs 15 centimes près, payé une égale somme pendant vos vacances d'août 1852 ! vos palinodies ne seraient point aujourd'hui la matière d'un grave et sévère examen : M. Pruvot du 21 janvier 1855 ne serait point opposé à M. Pruvot du 28 février suivant et, ce qui pis est, M. Pruvot du 28 février 1855 ne serait point confronté avec M. Pruvot du 28 février 1856 : *Abyssus abyssum invocat.* Ps. 41, v. 9. Mais pressons-nous d'arriver à la première semaine d'octobre 1853 et ne trouvez pas mauvais, monsieur Pruvot, que je vous rappelle qu'à votre départ d'Arras vous m'annonciez que, sous peu de jours, je toucherais une bonne vendange de 3oo francs : c'était, vous ne l'ignorez pas, à valoir sur les comptes non purgés, non liquidés. Cette vendange se faisant attendre, etc., je vous ai écrit, témoigné quelque surprise et, le 27 du même mois, vous me répondiez : « Je crois que demain vous aurez 200 francs d'une part et 1oo francs de l'autre. » Ce lendemain se fit désirer quatre jours, mais, le 31 suivant, 2oo francs me furent remis, apportés par M. Robert jeune lequel ne s'en alla point sans reçu. Quant aux 1oo francs que, s'il fallait en croire votre réponse du 4 mai 1855, j'aurais, le 31 octobre 1853, touchés de M. Lépinoy, ne serait-il pas plus rationel de croire qu'ils sont allés rejoindre, renforcer à Sihiville les 167 francs que, quoiqu'en dise votre réponse du 4 mai 1855, garda bel et bien M. le principal.

Avouez une bonne fois, vigilant économe, intelligent comptable, qu'à force de patauger et de faire du mic-mac, vous avez produit le chaos, vous vous êtes perdu dans ce chaos et que, ne pouvant vous en tirer, vous en dépêtrer, vous vous êtes mis en travail pour ébranler ma trop confiante droiture, vous avez enfanté l'injustice pour mettre en défaut ma loyale probité, vous avez conçu, consommé l'iniquité pour confondre et flétrir mon imperturbable franchise. *Ecce parturiit injustitiam, concepit dolorem et peperit iniquitatem.* Ps. 7, v. 15.

Mais admettons quelques cas atténuants :

Quand nous nous sommes, avec quelque dignité, produit devant un tribunal civil, quand notre contenance n'y a point été un sujet de scandale, quand nous pouvons nous rendre le satisfaisant témoignage d'avoir respecté la personne sacrée du prêtre alors même qu'à notre surprise il se parjurait, nous saurons ne point user ici de basses représailles, nous saurons en chrétien avoir un cœur et des entrailles à l'égard du frère ingrat qui s'en est dépouillé pour moi, contre moi ; nous aurons, au moment de terminer et de conclure, à le plaindre d'avoir, malgré le cri de sa conscience, improvisé, fait un travail en sous-aide, de s'être, pour abriter et sauvegarder la caisse, aveuglément fourvoyé, de s'être, à force de louvoyer, précipité dans l'abîme qu'il creusait artificieusement, qu'il avait nuitamment creusé sous mes pas. *Foverunt ante faciem meam foveam et inciderunt in eam.* Ps. 56, v. 8.

Celui qui, le 28 septembre 1854, me disait de lui préparer un acquit de 200 francs pour le 2 octobre suivant et qui, ce jour-là, reprenait la route de Sibiville sans me donner un centime, celui qui, l'année précédente, le jour de son départ pour le même endroit, m'annonçait que dans quatre jours je toucherais 300 francs, celui qui, le 3 octobre 1852, renfermait dans le coffre du cabriolet de M. Deusy les 850 francs par moi prêtés et m'assurait en partant que le surlendemain au plus tard il me serait remis un à-compte de 300 francs, M. Pruvot a compté sans son hôte, a pu dire à M. Dadier : « 300 francs seront remis, vont être remis à M. Théry. » M. Dadier les aura, date du 4 octobre, inscrits comme versés lorsqu'ils n'étaient que promis : de là l'imbroglio, de là l'erreur à mon préjudice, à mon détriment : *Inde mali labes*, dit le poëte, et puis les tiers ne négligeaient-ils pas, n'oubliaient-ils pas de payer au jour convenu ? Ce fait est bien établi, bien constaté par la correspondance. Mais on prétend avoir remis à.....

Quand on a sous les yeux, quand on examine attentivement la lettre du 27 octobre 1852, peut-on, en bonne et consciencieuse logique, admettre que si l'homme toujours gêné, toujours à court de fonds, l'homme d'atermoiements eut, aux vacances d'août 1852, remis à M. l'abbé Pruvot 300 francs pour m'être versés et qu'ils l'eussent été réellement, peut-on, je le répète, admettre que M. Dadier eut, à l'époque précitée, chargé le même abbé Pruvot de me dire qu'il était honteux de me devoir depuis si longtemps, etc... Qu'il me soit permis d'ajouter que, quand on se pique d'ordre, de quelques sentiments d'honneur, quand on a professé la philosophie, autrement, la sagesse, quand on est, comme M. Dadier, chef d'établissement, principal de collége, on date, à leur sortie, les sommes confiées à des intermédiaires, on s'assure par la production, par l'exhibition lfaites d'acquits *ad hoc*, si les fonds n'ont point été détournés, s'ils ont été remis à leur destinataire : cette sage précaution prise, on n'écrit pas aux gens, on ne leur dit pas de but en blanc que l'on croit ne rien devoir du tout : on leur prouve honnètement qu'on s'est libéré, on le leur prouve par des acquits et non par d'injurieux *valeat...*, des serments.....

Mais revenons à notre *souple et patelin* comptable.

M. l'abbé Pruvot a la conscience de m'avoir, le 9 octobre 1850, envoyé 167 francs qu'à son insçu peut-être a gardés et bien gardés M. Dadier, ce principal toujours à court de fonds, toujours un peu gêné ; M. Pruvot a la conscience que, le 31 octobre 1853, j'ai touché 100 francs de M. Lépinoy, brasseur ; avec l'intime conviction que ces deux versements sont faits, ont été faits, on peut bien se donner le large et les fondre en deux soldes, l'un de 139 fr. 15 centimes et l'autre de 133 francs 35 centimes. Car les 167 francs (qu'a gardés M. le principal) ont bien, depuis 1850, produit (pour celui qui ne les a point reçus) un intérêt de 5 francs 50 centimes lesquels ajoutés à 267 francs donnent à merveille les 272 francs 50 centimes (desquels on ne pouvait rien dire le 28 février 1855). « Allons, se sera-t-on dit, pour en finir avec ce Théry-là, pour l'éconduire et le mettre dedans, badigeonnons un certificat. »

Mais le charmant et aventureux badigeonneur, le complice plus qu'intéressé de M. Dadier, celui dont la main imprudente et téméraire a seule amené, provoqué ce regrettable débat, celui qui, le 16 novembre 1854, feignait d'espérer que de bons renseignements viendraient dissiper les ténèbres qui, selon lui, nous cachaient la vérité, celui qui s'est fait fort d'exhiber quand même et lui-même les renseignements demandés à MM. Robert et Lépinoy, celui qui, depuis fin février 1855, a fait de la palinodie, celui qui, le 7 mars suivant, venait, pour n'en pas dire plus, me solliciter adroitement de lui faire, à l'insçu de M. Dadier, des

propositions d'arrangement, etc., celui qui, le 4 mai 1855,
m'écrivait entr'autres choses : « Jusqu'à présent vous ne
m'avez encore manifesté aucune idée de conciliation...; »
Celui qui, le 24 juillet même année, me répondait : « J'ai
jeté un vernis d'incurie sur vous, probablement en disant
que le versement de 300 francs n'était pas porté sur votre
livre, etc, etc... Vous savez, monsieur Théry, tout ce que
j'ai déjà tenté auprès de vous pour un arrangement, etc...
Si vous voulez faire quelque proposition, écrivez-moi... »
Celui qui, dans le même mois, me faisait offrir (par M. le
curé de Nuncq) 100 francs de sa bourse pour arranger, etc..,
celui qui, depuis lors, a par ses mensonges entassés, su-
perposés comblé la lacune de 572 francs 50 centimes, celui qui me les a....., M. l'abbé Pruvot va peut-être me bal-
butier que mes écritures manquent d'ordre, que mes livres
sont mal tenus et que son œil perfide en sait quelque chose.

Qu'il l'ose ! je le renverrai de suite à son solde de 167 fr.,
à ses palinodies, à son certificat, je le confronterai avec
lui-même et je lui refoulerai son vernis de négligence,
d'incurie : pense-t-il donc que je lui ressemble ? *Existimásti
iniquè quod ero tuî similis : arguam te et statuam contrà faciem
tuam.* Ps. 39, v. 22. Qu'il sache une bonne fois que celui
qui a la plus grande confiance dans tout le clergé diocésain
s'est, pour des raisons à lui connues, quelque peu défié de
M. Pruvot et de l'établissement auquel il est attaché : qu'il
sache que j'ai fait une étude approfondie de sa personne et
que cette longue étude m'a fait reconnaître que sa bouche
abondait en malice et que sa langue était l'ouvrière du dol,
ajoutons de la duplicité. *Os tuum abundavit malitiâ et lingua
tua concinnabat dolos.* Ps. 39, v. 20.

Qu'il vienne ce pauvre abbé Pruvot lequel (date du 3 décembre 1854) m'écrivait avec les formes brusques, hau-
taines d'un intendant princier, lequel a, depuis lors, et cela
pour mieux me jouer et plus sûrement me rogner...; qu'il
vienne s'attaquer, s'en prendre à mes livres, je lui réplique-
rai que mes livres n'ont pas qualité pour mentir à mon
détriment, qu'ils sont mon œuvre comme ses lettres, ses
palinodies, son certificat de barricade sont la sienne et que
nos œuvres, à lui comme à moi, expriment ce que nous
sommes lui et moi ; je lui relancerai que, bien différents
de son registre à lui, mes livres ne s'insurgent pas contre
leur auteur, pour battre leur auteur et que si, en dernière

analyse, ils ont un défaut, quelque défaut, c'est celui très-honorable d'accuser, de mentionner en faveur de M. Dadier des paiements non inscrits, non portés par lui sur le livre *aux écritures claires, formelles*, écritures avec lesquelles on voulait bien venir à Arras pour s'expliquer avec moi devant *un haut dignitaire ecclésiastique...*, écritures auxquelles le 28 février 1856 servait, venait servir de supplément, d'article organique, la fameuse pièce improvisée, badigeonnée Dieu sait comment et pourquoi !...

Que, pour se blanchir et se disculper, M. Pruvot s'avise encore de parler d'oubli, de négligence, d'incurie, je renverrai celui pour l'avenir duquel j'avais de justes raisons de trembler, je le renverrai méditer, s'édifier sur ses inventions de soldes, sur ses surcharges de paiements et je lui refoulerai qu'après la tempête, après le naufrage, il leur a fallu, à M. Dadier et à lui, il leur a fallu, comme planche de salut, comme dernière ressource, comme unique moyen de m'échapper, ce piteux et flottant débris que je n'ose plus nommer.

Mais, à quoi bon m'occuper de mes livres ? ne sont-ils pas plus que vengés, plus que justifiés par le registre duplicatif, par les souvenirs chamarrés, bariolés de M. l'abbé Pruvot ? Pourquoi revenir à mes écritures ? ne sont-elles pas de force à accepter le défi de celles du vieux fanfaron de Sibiville ?

Quand, le 28 février dernier, j'ai, non sans douleur, cité devant le tribunal civil de Saint-Pol celui qui *ne redoute ni les tribunaux civils, ni les tribunaux ecclésiastiques*, celui qui (grâce à ses manœuvres lesquelles ont plus d'un antécédent) ne me craignait *ni devant l'autorité civile, ni devant l'autorité ecclésiastique*, n'a-t-il pas, en pleine séance, n'a-t-il pas été prouvé, reconnu que les écritures dites si *claires*, si *formelles* n'étaient point une cuirasse imperméable, un bouclier impénétrable ? Que celui qui, soit par contrainte, soit de propos délibéré, s'est offert en holocauste, s'est dévoué pour en réparer les défauts, pour en racheter les défectuosités et pour en replâtrer les fissures, que M. Pruvot réponde !

Il me semble l'entendre bégayer, bredouiller qu'à tout cela près un jugement a été rendu. Ce langage peu compréhensible, à demi-voix articulé n'a rien qui m'étonne dans une bouche vénale et mercenaire. *Erraverunt ab utero, locuti sunt falsa.* Ps. 57, v. 3.

Un jugement a été rendu, soit ! Gardons-nous toutefois d'émettre que ce fut à la suite d'un parjure !

Eh ! Messieurs, du temps que le peuple de Dieu, les Juifs, en punition de leurs fautes, gémissaient captifs à Babylone, un jugement n'avait-il pas été rendu contre l'innocence même ? Accusée par deux infâmes vieillards lesquels n'avaient pu la corrompre, accusée faussement d'avoir été surprise en adultère, la chaste et vertueuse Suzanne n'avait-elle pas été jugée, condamnée à mort ? ne la traînait-on pas ignominieusement au supplice et la foule indignée ne préparait-elle pas déjà les fatales pierres, quand, par une inspiration divine, le jeune Daniel s'écria : « Je suis innocent du sang de cette femme..... »

Comme vieillards, comme juges du peuple, les exécrables accusateurs de la pudique épouse de Joakim avaient été crus sur parole : personne n'avait suspecté le témoignage, d'hommes de cet âge, de ce caractère : et pourtant le mensonge s'était assis sur leurs lèvres immorales, dépravées, comme naguère il l'a fait sur celles de M. l'abbé Pruvot, jeune encore, mais déjà si plein hélas ! de jours mauvais.

Dans leur improbité, dans leur connivence, deux hommes, en apparence, incapables du moindre faux témoignage, incapables d'astuce et de mauvaise foi, deux hommes plus graves pour le caractère, plus dignes pour leurs saintes fonctions et par cela plus croyables que les vieillards de l'Ecriture, ont sciemment perdu la raison, ont obstinément détourné leurs yeux pour ne point voir le ciel et pour ne pas se souvenir des justes jugements : *Et everterunt sensum suum et averterunt oculos suos ut non viderent cœlum neque recordarentur judiciorum justorum.* Dan. c. 13, v. 9.

Ne vous étonnez pas, Messieurs, si j'avance que ces deux hommes qui, tous les jours, offrent le sacrifice de l'Agneau sans tâche, se sont, dans leur délire, réfugiés derrière le tabernacle et l'autel pour ruminer, et concerter contre moi leurs infernales machinations de ruse et de perfidie, pour élever et dresser artistement le honteux échafaudage de leur menteuse iniquité. *Mentita est iniquitas sibi.* Ps. 26, v. 18.

Mais, Messieurs, j'ai besoin de me modérer, de contenir, de comprimer une indignation partagée par vos consciences, et je vais appeler, reposer vos âmes sur un tableau comparatif, sur un tableau non moins vrai, non moins lucide qu'incisif et parlant : examinez, instruisez-vous et jugez !...

REMIS A M. DADIER LE 26 DÉCEMBRE 1854.

DATES.	DOIT.	AVOIR.	PAYÉS PAR	
1849. 26 juillet.	97 65	97 65	M. Pruvot, vacances de	18
— 26 octobre	372 45	200 »	Le même, vacances de	18
au 21 avril 1850.		166 »	Polycarpe décembre	18
1850. 2 août	124 40	124 40	Le même, Vendredi-Saint	18
	594 20	588 05		
1850. 11 octobre	739 15	200 »	M. Robert, 12 janvier	18
au 1er août 1851.		200 »	M. Lépinoy ou autre, fin janv.	18
		200 »	Polycarpe, 5 novembre	18
1851. 17 octobre	733 35	100 »	M. Lépinoy, 2 février	18
au 6 août 1852.		200 »	M. Robert, 31 octobre	18
* Voir plus bas.				
	1,472 50	900 »		
1852. 29 octobre	420 35	200 »	Un inconnu, 2 août	18
au 27 mai 1853.		100 »	M. Pruvot, vacances de	18
		119 80	Le même, vacances de	18
		419 80		
1853. 15 juillet.	86 35	86 35	Le même, vacances de	18
1853. 20 octobre	634 65	400 »	Ma traite au 20 décembre	18
au 27 juillet 1854.		200 »	Ma traite au 31 décembre	18
1854. 2 octobre. au 30 nov. suivant.	214 30	248 »	Ma traite au 31 mai	18
	848 95	848 »		

* Les factures totalisées des années
    1850-51 s'élèvent à. . . . . 744 fr. 10
    1851-52 s'élèvent à. 755 55

Soit pour les deux années à. 1,496 55

Ainsi tout prouve que M. Pruvot a bâclé son certificat sur le relevé de compte géné[ral] remis le 26 décembre 1854.

PARALLÈLE DES VERSEMENTS, DES SOLDES DE MM. DADIER ET PRUVOT.

AVOIR établi à la remise de Dadier.	PAYÉS PAR	AVOIR ressassé par M. Pruvot.	PAYÉS PAR
97 65	M. Dadier.	97 65	M. Pruvot,
200 »	Le même.	200 »	Le même.
466 »	Polycarpe.	467 »	*La lettre Pruvot*, 9 oct. 50.
		166 »	Polycarpe.
124 40	Le même.	124 40	Le même.
588 05		755 05	
200 »	M. Robert.	200 »	M. Robert.
200 »	M. Lépinoy ou autre	200 »	M. Lépinoy ou autre.
200 »	*L'inconnu.*	139 15	*Le certificat*, 28 *fév.* 56.
300 »	*Le livre Dadier.*	300 »	*Le livre Dadier.*
200 »	Polycarpe	200 »	Polycarpe.
300 »	Robert et Lépinoy.	100 »	M. Lépinoy.
		133 35	*Le certificat.*
		200 »	M. Robert.
400 »		1,472 50	
		200 »	L'inconnu
109 »	M. Pruvot.	100 »	M. Pruvot.
119 80	Le même.	119 80	Le même.
219 80		419 80	
86 35	Le même	86 35	Le même.

Nota. En prenant les 300 francs portés son livre et en faisant manœuvrer les 0 francs payés par un inconnu, M. Da- r arrive à 1,400 francs et me répond : Il (M. Pruvot) a pu voir que vous aviez tôt reçu trop que trop peu. » Voir ge 20 de ma brochure.

Nota. Sans égard pour les dates M. Pruvot, outre les 467 francs payés par sa lettre du 9 octobre 1850, intercale les 300 francs payés, date du 4 octobre 1852, par le livre de M. Dadier; les 139 fr. 15, les 133 fr. 35 soldés par son certificat du 28 février 1856 et me donne 1,472 francs 50 centimes.

Il m'aurait donc été payé selon M. Pruvot . . . . 2,733 fr. 70

selon M. Dadier 2,294 20

Différence. 439 50

Et tout bien balancé, M. Pruvot aurait payé un excédant de. . . 167 »

Et M. Dadier me redevrait. 272 50

Votre étonnement est grand : eh ! combien ne redou-
blera-t-il point quand vous vous serez fait exhiber, quand
vous aurez lu le certificat naguère buriné par M. le professeur de belles lettres, lequel s'aventure de m'y battre de la
monnaie de Barrère, de la monnaie de 93 ?

Ah ! n'oubliez pas, Messieurs, de remarquer que, si le solde
(y mentionné) de 139 francs 15 centimes peut, comme le
rétrospectif versement de 300 francs, avoir une valeur po-
sitive, réelle, je n'ai pas mal de fonds à remettre à ces
messieurs de l'Académie de Sibiville, je leur dois indemnité, plus qu'indemnité, et nous n'avons plus qu'à trouver
intempestive, irréfléchie, inconsidérée la lettre où l'on se
dit honteux de me devoir depuis si longtemps.

Mais les dates présumées par le fameux certificat ne
prouvent-elles pas qu'en le faisant, qu'en l'élaborant, le
pauvre abbé Pruvot était comme frappé d'un esprit de
vertige ou que, passif instrument, il s'était mis à la re-
morque d'un homme dont la langue est comme un rasoir
tranchant qu'aiguise la fraude, et qu'il préférait le mal au
bien, le langage de l'iniquité aux paroles de la justice. *Di-
lexisti maliliam super benignitatem, iniquitatem magis quam
loqui œquitatem.* Ps. 51, v. 3. Et puis, comment s'expliquer
que, quand il n'ignorait pas que j'avais conservé ses lettres
et réponses, quand il me connaissait de taille à les lui opposer un jour ou l'autre, comment s'expliquer qu'une telle
considération n'ait pu détourner, empêcher M. l'abbé
Pruvot de s'immoler, de se sacrifier, de se compromettre
ainsi pour un homme que depuis longtemps il aurait dû fuir,
abandonner ?

Pour moi, ne serais-je pas le dernier des misérables, ne
me regarderiez-vous pas, n'auriez-vous pas des raisons
majeures de me traiter comme tel, ne repousseriez-vous
pas de toutes vos forces mes déductions lesquelles seraient
non acceptables, non tolérables, mais audacieusement
anti-chrétiennes, mais effrontément impies, auriez-vous
pour moi, contre moi assez de mépris, assez d'anathèmes,
ne mériterais-je pas les gémonies de la honte et du déshonneur, oserais-je jamais reparaître devant vous, n'aurais-je
pas plutôt, comme l'aîné des fils d'Adam, à aller ensevelir
et cacher mes remords dans quelque coin solitaire, isolé, si,
comme je l'ai dit en commençant, je n'avais à mon appui
l'évidence irrécusable, la palpabilité matérielle des faits,

faits qui se sont providentiellement traduits et convertis contre leurs auteurs.., si mes adversaires, tout habiles qu'ils sont, ne se contredisaient l'un l'autre, ne se sapaient, ne s'ébréchaient, ne se démantelaient l'un par l'autre, si leur improbité ne les dévorait, si leur malice ne se retournait contr'eux-mêmes, si leur iniquité ne les annihilait, ne les anéantissait en retombant de tout son poids sur leurs têtes? *Convertetur dolor ejus in caput ejus et in verticem ipsius iniquitas desçendet.* Ps. 7, v. 17.

J'ai, Messieurs, rempli devant vous non le rôle tel quel, mais le devoir sévère et sacré de dénonciateur, de plaignant, d'accusateur, et cette tâche, aussi pénible que suérogatoire, m'était tracée, imposée autant par la force des choses que par le besoin réel, indispensable d'éclairer, de rassurer vos consciences et de débrouiller une question qui, de premier abord, pouvait vous paraître obscure et compliquée.

Quand, à votre étonnement sans doute, mais non à l'insçu de l'autorité diocésaine, j'ai traqué devant des justices civiles un chef d'institution catholique, un prêtre lequel s'obstinait cavalièrement à m'éconduire, à renier ses obligations par cela seul qu'il avait un complice docile, patelin, intéressé, si pas un intermédiaire infidèle et sujet à caution...; quand, aujourd'hui, ce qui vous étonne davantage, je viens, grâce à la bonté sagement protectrice de notre auguste Prélat, etc...:, je viens poursuivre, je persiste à poursuivre devant vous l'auteur de notre malentendu, le provocateur du scandale...; quand je signale en lui, quand chez lui je dénonce à votre impartial examen des actes palpitants de la plus révoltance astuce, de la plus flagrante iniquité, ne devrais-je pas, si je n'écoutais que la voix de mes griefs et de ma légitime indignation, le cri de mon honneur injustement attaqué, ne devrais-je pas demander plus qu'une indemnité, plus qu'une réhabilitation, n'aurais-je point droit d'exiger que la réparation matérielle et morale fut proportionnée au dommage, à l'offense? Ne serais-je pas en droit d'appeler sur le délinquant, sur le témoin menteur, sur le scient prévaricateur toutes les censures, toutes les rigueurs et sévérités canoniques? et quand je songe qu'adroit et dangereux émissaire, qu'habile et artificieux suppot..., M. l'abbé Pruvot mettait toute sa rhétorique à contribution pour me leurrer, me fronder, me détruire, me démonétiser et me perdre dans l'esprit du clergé, dans l'estime des honnêtes gens, quand je sais, à n'en pouvoir douter, que sa bouche menteuse, que sa langue de vipère (*Linguis suis dolosè agebant, venenum aspidum sub labiis eorum*. Ps. 13, v. 5.) allait distillant partout, bavant contre moi son fiel et son venin, quand je n'ignore pas qu'en nain bilieux, acariâtre, qu'en pygmée hargneux et méchant, qu'en *roquet* glapissant il lardait ma droiture en l'osant taxer de négligence, quand je connais de quoi ce pauvre hère est, a été capable, que de raisons n'aurais-je pas de vous le donner comme un arbre bon à couper, à jeter au feu! *Omnis arbor quæ non facit fructum bonum excidetur, et in ignem mittetur*. S. Matt., cap. 7, v. 9.

Mais M. Pruvot est prêtre et c'est comme prêtre, c'est couvert du manteau du prêtre que M. Pruvot a voulu me tromper, avait réussi à me tromper! Je suis loin, Messieurs, d'être l'ennemi du prêtre, et celui qui poursuit avec tant de persistance M. l'abbé Pruvot, peut, titres en main, prouver qu'en certaines occasions il a pécuniairement obligé plus d'un prêtre et s'est même rendu caution pour quelque prêtre... Ah! l'ingratitude, surtout quand on y ajoute le sarcasme et l'amère ironie, ah! je la déteste. Mais je sais faire la part des faiblesses, des misères du cœur humain, et si je me venge de M. l'abbé Pruvot, je veux le faire avec noblesse, en chrétien.

Quoiqu'à ma profonde douleur, je l'aie vu, après avoir malignement exploré, malicieusement scruté mon faible, mon côté faible, si jamais j'en pouvais avoir, quoique je l'aie vu, lui à qui j'avais donné toute ma confiance, lui pour qui je n'avais rien de caché, rien de secret, lui pour qui j'avais longtemps été comme une ville sans porte, lui que j'avais tant de fois accueilli comme un frère, reçu comme un ami, quoique je l'aie vu traîtreusement trafiquer de ma loyale franchise, perfidement abuser de mon innocente droiture, quoique je l'aie vu tendre en tant de sens et tant de pièges à ma bonne foi qu'il connaissait, à ma probité qu'il n'oserait révoquer en doute, à ma bonté dont il avait eu tant de preuves, quoiqu'il m'ait astucieusement livré tant d'assauts pour m'ébranler et me faire chanceler (*Magnificavit super me supplantationem*, Ps. 40, v. 10), je ne serai pas sans pitié, sans entrailles pour lui..... Loin d'invoquer contre lui la moindre représaille, loin de demander qu'il soit traité comme il a voulu traiter son frère (*Sicut fratri suo facere cogitavit*. Deut. c. 19, v. 19), je le plaindrai de ne m'avoir pas mieux compris, de s'être, répétons le, posé contre moi en témoin menteur, en lâche prévaricateur, de s'être passivement constitué faussaire et d'avoir, lui prêtre, légalisé le parjure.

Trop longtemps, hélas! en contact journalier, ne disons plus avec un prêtre, mais avec un sépulcre blanchi, ce lévite, jeune encore et facilement impressionnable, a pu s'oublier un instant, étouffer le cri de sa conscience, être ingrat, perfide et, diversement combattu, trébucher, pencher en mal tout en se disant : *Video meliora proboque, deteriora sequor*. Ov. Admettons qu'il a pu ne pas mesurer la portée, apprécier la gravité de ses odieux méfaits et soyons charitablement enclin à penser que, cette erreur momentanée mais si préjudiciable à mon honneur, à mes intérêts, il la désavoue, que déjà le remords l'aiguillonne, le stimule, l'agite et le trouble, que son âme, plutôt égarée que coupable, s'ouvre tout entière au repentir, au regret d'un mal non volontaire, mais impérativement imposé, et rejetons loin de nous l'idée, la pensée, que, pendant ses vacances, M. l'abbé Pruvot, pour aider et soulager un père nécessiteux, a pu, cédant à la voix de la nature, détourner à mon détriment des fonds dont il n'était que l'entremetteur; mais nous avons à cœur, nous tenons que l'on sache que, sous le glorieux épiscopat de Monseigneur Parisis, il fut à Arras un libraire digne de la haute estime de ce docte et saint Prélat, digne de la vôtre à tous, Messieurs, digne de celle du clergé diocésain.

Voilà les raisons dominantes qui nous ont porté, qui nous portaient à traduire devant vous, moins pour le confondre que pour lui dessiller les yeux, moins pour le briser que pour le rendre à la vie, ce frère là-bas assis à l'ombre de la mort... Ah! Messieurs, puisse-t-il comprendre que ma main, dure et sévère pour la forme, mais compatissante et amie pour le fonds, lui rend, veut lui rendre quelque bon service! Puisse-t-il, tel qu'une tige heureusement transplantée, ne rien emporter, ne rien conserver des lieux viciés où sa vertu se fanait, se desséchait, et vous donner d'abondants, de durables fruits de consolations ! Pour moi, je souhaite que cette âme souillée de la double lèpre du mensonge et de la perfidie soit régénérée par un repentir vrai, purifiée par un regret sincère (*Cor mundum crea...Deus, et spiritum rectum innova in visceribus... Ps. 5o, v. 11*), et je demande à Dieu qui va, non le juger, non le flétrir, mais le redresser et le corriger par votre bouche, je demande que ce prêtre, rendu à lui-même, persévère dans sa nouvelle voie et, qu'à partir de ce jour, on puisse dire de lui : *Adolescens juxtà viam suam, etiam cùm senuerit, non recedet ab eâ.* Prov. c. 22, v. 6.

OBJET SOMMAIRE DE CE TRAVAIL.

Dette de 572 francs 5o centimes niée par M. Dadier lequel entend s'être plus que libéré par 3oo francs portés sur son livre. (Voir sa réponse, page 20 de ma brochure.)

C.-F. Théry qui, loin d'avoir touché ces 3oo francs inscrits (date du 4 octobre 1852) a, la veille même, prêté 85o francs à l'entremetteur, à M. Pruvot, se rend, le 21 janvier 1855, à Sibiville et, là, conteste plus que sciemment les susdits 3oo francs ; inutile d'ajouter que, convaincu par l'évidence, M. Pruvot assure ce jour-là, déclare le même jour, n'avoir, en 1852, rien donné à C.-F. Théry, et le : « Nous sommes confondus !... » n'est-il pas, de suite après ma sortie, prononcé par M. Dadier ? mais le comptable *mieux renseigné*, le comptable qui *n'est pas homme à mentir à sa conscience ni à se laisser gagner* se ravise, radoube ses souvenirs, travaille de connivence avec M. Dadier à réparer la déconfiture et, le 28 février suivant, se remet seul en campagne, m'annonce à grands sons de trompette *qu'il est certain d'avoir fait un versement de 3oo francs chez moi*, non plus le 4 octobre 1852, mais *pendant les vacances d'août* même année. Que cette nouvelle tactique est habile et bien combinée !.. Cependant voilà que, dans ce beau mouvement stratégique, M. Pruvot laisse, je ne sais comment, laisse glisser, échapper un trait auquel, un an plus tard, il s'égratignera, s'il ne s'y fait une large et profonde blessure : tel un assassin, troublé par l'horreur de son crime, s'enfuit, oubliant dans le sein de sa victime expirante le coutelas qui va le vendre et le faire tomber entre les mains de la justice.

Arras, imprimerie Le Mâle, rue des Rapporteurs, 6.

Si la correspondance, Messieurs, si les preuves de conviction n'étaient là pour établir incontestablement de quel côté sont les torts, l'astuce et la mauvaise foi, je me reprocherais de n'avoir pas dit un mot de mes lettres et réponses que là-bas on qualifiait d'injures.

Si vous ne connaissiez à fond notre malentendu, notre regrettable différend, si vous n'aviez dans leur ensemble et comme en faisceau ces lettres et réponses qu'exploitait adroitement, que colportait perfidement contre moi le patelin M. Pruvot, je les prendrais, je les aborderais de front et vous démontrerais qu'elles ont été motivées, provoquées par celles qui me venaient, m'étaient venues de Sibiville.

Quoique vos consciences soient pleinement édifiées sur ce digeste, permettez-moi, Messieurs, pour plus de lucidité, d'y ajouter quelque note, quelque courte analyse.

Quand me furent adressées les négations impudemment révoltantes, les courtoisies adroitement insidieuses des 27 octobre et 16 novembre 1854, il me fut aisé de sentir qu'une trâme bien coordonnée s'ourdissait, se concertait pour m'accaparer et m'ébranler.

Avec ces seules données je mesurais, à ne m'y pas tromper, le plan machiavélique de mes habiles adversaires et je pouvais, j'aurais pu leur prédire que le Seigneur leur rendrait leur iniquité, les perdrait dans leur malice, dans leur complicité. *Et reddet illis iniquitatem ipsorum et in malitiâ eorum disperdet eos, disperdet illos Dominus.* Ps 93, v. 23.

Déjà s'annonçait imminent le duel du mensonge contre la vérité, de la perfidie contre la loyauté, de la duplicité contre la franchise, et ce triste duel devenait inévitable à moins de me résigner à tout perdre, à tout sacrifier : en bonne conscience pouvais-je, devais-je le faire ?

Les vacances de 1854, semblables à celles de 1852, au lieu de m'apporter quelqu'à-compte, ne m'avaient bercé que d'une promesse sans effet et, depuis, les jours, les mois se passaient sans m'amener aucune rentrée : j'étais las de tous ces tâtonnements et je perdais l'espoir d'être *contenté sous peu* : dans un pareil état de choses, force me fut de prendre une détermination, de sillonner la nue par quelque *coup de foudre* et, fin novembre, j'annonçai à M. Pruvot que je venais de faire traite sur M. Dadier.

Cette nouvelle, qu'il n'attendait pas, surprit, effaroucha notre abbé professeur, lui *mit la tête en feu,* lui fit *bouillon-*

ner *le sang dans la poitrine*, si bien qu'alors il jeta le masque pour se produire avec les formes brusques, *acerbes* d'un intendant *gravement offensé*. Je glisserais sur ma réponse à lui faite, si elle ne parlait d'acquits à opposer à mes fournitures et si le silence le plus absolu sur ces acquits ne m'était toujours opposé par les dignes arithméticiens de Sibiville. Leur thème favori c'est celui de recherches faites, de renseignements demandés à MM. Robert et Lépinoy pour entrer en compte, pour terminer des comptes où, dit-on, il existe une différence...

Voilà bien où nous en étions quand, le 15 décembre, M. Dadier m'écrivit: « *Je dois vous dire que, pour faire honneur à votre traite, j'exige une lettre de vous dans laquelle vous déclarerez que la traite est à l'acquit des fournitures faites en 1853-54.* » Examinez, Messieurs, pesez le sens de ce mot à *l'acquit*... (V, p, 14.)

Que ce fut un piège ou non, toujours est-il que je l'évitai.

Sur ces entrefaites intervient M. l'abbé Pruvot, mais, là, je n'ai point à le suivre, car j'ai hâte de vous faire remarquer que, le 26 décembre, mon relevé de compte général est remis à M. Dadier qui, loin de m'y signaler des erreurs ou de m'opposer des acquits, renchérit en exigences, imagine de nouveaux expédients et me dit à propos de bottes: « Vos Mémoires ne suffisent pas pour vous donner les éclaircissements dont vous avez besoin... » (Voir page 15.)

Faut-il, grand Dieu ! que je sois condamné à relever les épluchures de ce tortillant et piteux Benjamin-Constant lequel, huit jours plus tard, s'aventure de me répondre que ce que je dis *des deux paiements faits par MM. Robert et Lépinoy est opposé à ses écritures ?* Une telle impudence ne révolte-t-elle pas dans la bouche de celui qui, le 12 février suivant, se trouve, pour m'éliminer et m'envoyer promener, fort heureux *des 300 francs donnés tant par M. Robert que par M. Lépinoy.* (Voir page 20.)

Puisqu'à défaut de bonnes raisons et de moyens pour me confondre l'on s'est rabâché sur les injures, ne m'est-il pas permis d'avancer que, dans la réponse de M. Dadier (12 février 1855), l'injure iniquement provocatrice déborde et coule à pleins bords ? Oui, c'est sous l'impression de cette salve effrontée que, le 20 février, j'ai d'un seul jet fulminé à mon sycophante agresseur cette consciencieuse réplique qui fit éclore les palinodies du souple prestidigateur, M. Pruvot. (Voir pages 20, 21, 22.)

C'est assez dire que, M. Dadier s'effaçant pour ne plus reparaître, je vais me trouver face à face avec M. le professeur de rhétorique : n'a-t-il pas eu six semaines pour radouber non des *acquits équivalents*, mais des *souvenirs certains ?*

Avec des souvenirs on enfante des merveilles et 3oo fr. surgissent comme par enchantement : il est fâcheux que la magique imagination de M. Pruvot se soit arrêtée en chemin et n'ait pas, pour couvrir *le reste de notre différence de compte*, inventé du même coup un versement parallèle à celui de 3oo fr.; que c'est à regretter pour lui incapable *du moindre faux témoignage*, incapable surtout d'écrire *des injures!...* Je lui réponds et ma réponse provoque de la part de M. Pruvot une démarche captieuse qu'il serait trop long de résumer ici : disons *bonnement et simplement* que c'était celle d'un faux frère et arrivons au 3 mai : ce jour-là je lui transcris des vérités : les met-il à profit ? tant s'en faut, il s'y blouse et s'y empêtre en me répondant non pas que je suis un coquin, mais que M. Dadier ne me devait rien le 1o octobre 185o et que, lui, il m'a *remis chez moi la somme de* 3oo *francs* avant le 15 août 1852. *In laqueo isto... Comprehensus est pes eorum.* Ps. 9, v. 16.

Après cette tablature que je ne relève pas, M. Pruvot s'évertue, se frotte les mains, pérore, chante victoire, jubile et narre le triomphe de..... *Labia imprudentium stulta narrabunt.* Ecc. c. 21, v. 28, et il narrait encore quand, le 21 juillet, je lui adresse ce qu'il appelle *des injures écrites dans un moment d'emportement.* Ma lettre, calquée à l'instar de celle du 2o février précédent, taille à ce monsieur des reproches que n'eut pas encourus un intermédiaire, un gérant intègre, et, moins dans mon intérêt que dans le sien à lui, cette lettre accole à des accents incompris les prévisions hélas ! aujourd'hui réalisées...

Malgré cela, le louvoyant comptable veut encore louvoyer et se fourvoyer ; acculé dans un impasse, son petit amour-propre fait *fi* d'avertissements sévères pour la forme, mais utiles pour le fond et leur préfère un terrible *risquons tout...* Aussi sa réponse du 24 juillet, réponse pathétiquement équivoque, songe-t-elle à m'opposer à l'appui d'assertions réitérées non de valables acquits, mais d'ignominieux serments et cette préméditation fatalement logique ne prélude-t-elle pas à pire encore ? Reste à voir.

Ah ! reconnaissez une bonne fois, Messieurs, qu'avec tout son *mic-mac* M. Pruvot me dressait un vrai guet-à-pens et qu'à bon droit je me défiais, je devais me défier de sa narcotique phraséologie.

Aussi, pour y couper court, le 27 juillet, je lui réponds, je lui refoule que, loin de le penser fripon, je serais au regret qu'il put même le devenir : cela fait, je laisse dormir en paix le bon abbé Pruvot ; que n'y a-t-il dormi toujours au lieu de céder, cette année-ci, à la bizarre manie de me narguer par un souple et insolent patelinage ? Jamais il ne me serait venu à l'esprit de lui lancer la réponse si bien légitimée qui termine et clot la correspondance.

Au lieu de le tanner de la sorte, quelqu'anachorète tout à Dieu, tout en Dieu se serait mis à gémir, à pleurer sur l'aimable frénésie de M. Pruvot : cette admirable vertu, si je la possède, si j'en ai quelque chose, je ne l'ai point alors, je le confesse, mise en pratique : mais mon tort, si c'en est un aux yeux de votre impartiale justice, mon tort a été largement racheté par la modération charitable, par la résignation généreuse desquelles j'ai fait preuve devant le Tribunal civil de Saint-Pol. Je vous le demande, où serait maintenant avec son certificat notre pauvre abbé Pruvot si, fort, *nanti* de ses lettres, de sa signature, je m'étais levé en faux contre son iniquité légalisée ?

Son nom ne serait-il point, à notre grande douleur à tous, ne serait-il pas, comme tant d'autres, inscrit, mentionné dans des annales tristement célèbres, et son corps de prêtre n'expierait-il pas sous les verrous, dans les fers, les erreurs plus qu'imprudentes d'une âme perfide et foncièrement gangrenée ?

J'ai toujours eu du caractère sacerdotal la plus haute idée, j'ai toujours professé pour la sublimité de ce caractère une si profonde vénération que jamais il n'entra dans ma pensée qu'un prêtre soit, fut passible d'actes injustes et dégradants. Une exception, une seule exception s'est produite pour moi, contre moi : m'a-t-elle changé, fait changer ? non : elle n'a fait que m'éprouver, accroître et augmenter mon estime pour le clergé diocésain. *Intueatur et judicet Dominus inter nos.* Gen. c. 31, v. 49.

Arras, imprimerie Le Mâle, rue des Rapporteurs, 6.

RÉSUMÉ.

Ce fut, Messieurs, le jour de la Circoncision 1849 que, pour la première fois, je vis M. l'abbé Pruvot et, je vous l'avoue, je le pris, à son air doctoral, pour un vénérable dans le sacerdoce. M. Pruvot m'acheta pour près de 5o fr. et m'en donna 10 en compte : voilà son début, et, depuis, la chose se bobina, s'entortilla si bien que, le 26 juillet même année, un assortiment de Livres de prix me fut demandé pour le collége de Sibiville. N'oublions pas d'ajouter que, pendant les vacances, le montant m'en fut soldé par le fondé de pouvoirs de M. Dadier : car, pour cette affaire–là, le terme de six mois n'avait point été agité; il ne le fut que pour les relations subséquentes lesquelles s'ouvrirent le 26 octobre suivant. Faut–il, grand Dieu, qu'elles aient commencé pour nous jeter dans un sem–blable pétrin !

Encore, si, fidèle aux conditions proposées et posées, on m'avait payé de six mois en six mois au lieu de traîner comme on l'a fait, au lieu de donner des à–comptes tirail–lés, saccadés, que de mécomptes, que de déboires de moins !

Que bien volontiers je me serais passé d'analyser, de récapituler les maigres à–comptes de l'institution catho–lique de Sibiville ! Qu'avec joie et bonheur je me serais dispensé de prétendre avec Pline l'ancien, de prouver que toujours la misère et la mauvaise foi sont les compagnes des dettes et des procès ! *Comites æris alieni et litis esse mi–seriam nec non malam fidem.*

Ah ! modeste correspondance, ouvrez–vous, remplacez–moi : votre silence n'est–il pas expressif, énergique, élo–quent?

12 mars 1850. — M. Dadier est à court de fonds.

9 octobre 1850. — M. Dadier garde les 167 francs que M. Pruvot n'a pu me remettre avant son départ.

13 mars 1851. — M. Dadier n'est pas fort en fonds.

3 octobre 1852. — M. Pruvot m'emprunte 850 francs.

27 octobre 1852. — M. Dadier est honteux de me de–voir depuis si longtemps.

4 novembre 1852. — M. Dadier m'envoie 200 francs et se trouve un peu gêné.

27 octobre 1853. — M. Pruvot me fait espérer 200 francs d'une part et 100 francs de l'autre, puis il ajoute : « Il y a

eu un peu de négligence ou plutôt oubli du côté des 200 francs. »

27 octobre 1854. — M. Dadier croit ne devoir rien du tout et il a reçu peu à la rentrée.

16 novembre 1854. — M. Dadier est, d'après M. Pruvot, dans la persuasion qu'il y a erreur dans mon compte, mais, pour le montant des fournitures de 1853-54, il espère pouvoir me contenter sous peu.

3 décembre 1854. — M. Dadier ne s'engage pas à payer mes trois traites.

9 décembre 1854. — M. Dadier ne croit pas devoir le reliquat par moi réclamé.

15 décembre 1854. — M. Dadier exige une lettre de moi dans laquelle je déclarerai que ma traite au 20 suivant est à l'acquit des fournitures faites en 1853-54. Si le piége fut bien tendu, toujours est-il que *Gros-Jean* n'y fut pas pris.

28 décembre 1854. — M. Dadier trouve que mes Mémoires ne suffisent pas pour me donner les renseignements dont j'ai besoin ; l'adroit compère quête des lunettes et ces lunettes il les a sous clé. Je remets à lui faire ce travail le dimanche, mais le dimanche, je l'ai retenu de ma mère, on *s'abstient de toute œuvre servile.*

4 janvier 1855. — M. Dadier prétend que ce que je dis des deux paiements faits par MM. Robert et Lépinoy est opposé à ses écritures. Que cette fois il laisse bien passer son *oreille de plaideur* aguerri !

12 février 1855. — M. Dadier jette *son bonnet* et me ricane que son patelin complice a pu voir que j'avais plutôt reçu trop que trop peu : mais voyez... plus lâche qu'un poltron qui n'a de vertu que dans les jambes, l'habile praticien se sauve et me paye avec des injures puisées dans quelqu'égoût d'ingratitude, le beau moyen de se libérer !

28 février 1855. — M. Pruvot se renie, est certain d'avoir fait un versement de 300 francs chez moi pendant les vacances d'août 1852. Comme je serais confondu ! comme l'intermédiaire ferait claquer son fouet si des quittances pouvaient dans une nuit pousser comme les morilles de printemps !... Mais des acquits il n'en faudrait que trois au pauvre abbé Pruvot pour couvrir son manége et me faire rentrer plus de six pieds en terre... Gare à moi ! si jamais il avait quelque secret à lui, quelques ressources inconnues. *Continuez correspondance.*

4 mai 1855. — M. Pruvot a par devers lui un registre précieux, il l'utilise, il le met à contribution pour me répondre que, le 10 octobre 1850, M. Dadier ne me devait rien, etc. Bienheureux saint Denis, votre fête serait-elle la fête patronale du collège de Sibiville et, le 9 octobre 1850, le haut personnel de cet établissement se serait-il, après avoir psalmodié vos louanges, noyé dans quelqu'orgie tellement profane que la main gauche n'eut plus su ce qu'avait fait la main droite : Repoussons loin de nous cette idée peu charitable et pensons mieux de nos frères de là-bas.

24 juillet 1855. — M. Pruvot après avoir, pour la quatrième fois, renié son assertion du 21 janvier prétend m'avoir remis chez moi 300 francs en août 1852, en paraît plus convaincu que s'il l'avait réellement fait : son timbre fêlé me tinte non des acquits mais des serments à prêter au besoin et me sonne des glas d'arrangement, si je veux faire quelque proposition. Hélas! sans y songer, sans peut-être le prévoir, déjà le pauvre abbé Pruvot avait mis un pied dans la fatale forge à certificats et sept mois plus tard il devait remettre sur l'enclume sa palinodie du 28 février 1855 : faut-il qu'il ait oublié que l'enclume aplatirait, briserait le marteau !... Ici finit la correspondance et intervient le certificat pour prouver jusqu'à la dernière évidence que la misère et la mauvaise foi sont les compagnes des dettes et des procès : *Comites æris alieni et litis esse miseriam nec non malam fidem...*

Mais, avant de nous arrêter à ce certificat sans précédent aucun dans les volumineuses annales de la forfaiture, rappelons quelles furent, le 28 février 1856, nos conclusions à Saint-Pol : « Nous consentons à libérer M. Dadier des 300 francs qu'il prétend avoir, en août 1852, remis à M. Pruvot pour nous être versés, à la condition que le susdit M. Dadier prouvera par *ses écritures claires, formelles,* qu'il s'est envers nous libéré du reste (272 francs 50 centimes). » Et, faisant sur cette dernière somme le sacrifice de 25 francs, nous ajoutions : « Si M. Dadier peut, à 25 fr. près, nous prouver sa libération, nous nous retirons et payons les frais de procédure : sinon, nous réservons nos droits contre l'abbé Pruvot. »

C'était une concession largement charitable et généreusement chrétienne, c'était celle d'un homme non possédé par l'argent, non dominé par l'amour de l'argent.

Si, en place de hableries, on avait eu sous la main des réalités, M. Dadier se trouvait, se fut trouvé sans prescription à invoquer, le serment n'avait point à souiller, à polluer ses lèvres de prêtre, et M. l'abbé Pruvot, avec ses roueries, m'échappait irrévocablement ; mais, par une fatalité logiquement providentielle, la chose n'existait pas : aussi, pour corriger ce vice, avait-on inventé l'expédient, avait-on imaginé, bâclé le subterfuge d'un certificat et ce certificat avait été badigeonné, tamponné par le passif instrument, par le faiseur de palinodies, M. Pruvot : que ne rêvent point pour donner à leurs actes iniques une couleur, un vernis de justice apparente ! que ne sont pas capables de forger la misère et la mauvaise foi quand elles sont sœurs et marchent de compagnie ! Pour trancher le mot, je fus, au Tribunal civil de Saint-Pol, débouté non par des considérants, mais par un parjure, et ce parjure, quoique puisse alléguer M. Pruvot, eut sa raison d'être dans le certificat qui ne fut inventé que parce que l'on voulait se farder de bravoure et faire paraître la probité coupable.

Vous avez, pour vous édifier, pour vous éclairer, vous avez, Messieurs, la correspondance, vous avez le tableau du compte général, vous avez les anomalies, les paiements disparates de MM. Dadier et Pruvot : le corollaire de ces paiements fantastiques vous est fourni par l'article organique, le certificat : direz-vous que ces hommes qui s'entendirent si bien pour me jouer et me *flouer*, pour compromettre mes intérêts et mon honneur, ne sont pas, dans un sens, aussi coupables que les infâmes accusateurs de la chaste Suzanne ; et, le plus coupable des deux, n'est-ce pas l'abbé Pruvot ? Si M. Dadier ne lui a point remis de fonds, il est son complice ; si des fonds lui ont été remis, il les a détournés ; pour se tirer, pour m'échapper, sa main se prête à tout, me forge des soldes, des paiements factices avec dates nomades : que ne peut-on annuler, effacer, annihiler de la correspondance les lettres du 9 octobre 1850, celles du 24 mars, des 6 et 27 octobre 1852 et celle du 28 février 1855 ? C'est fâcheux qu'il n'y ait point de prescription à invoquer contre des signatures ?

M. Pruvot a touché la poix, ses mains en sont souillées.

M. Pruvot a fait le mal avec préméditation et le mal le surprend.

M. Pruvot a machiné, trâmé dans l'ombre, et l'œil du

Seigneur, plus lumineux que le soleil, pénètre ses trâmes, ses machinations, ses voies...

M. l'abbé Pruvot connaît l'art de se produire avec les formes extérieures de l'agneau, avec la douceur apparente de la colombe, mais intrinséquement c'est un serpent rusé, c'est un loup ravisseur. O vous qui avez assez vécu pour voir une fois notre auguste et saint Prélat ! ô vous que, le 22 octobre 1851, les habiles de Saint-James-sur-Canche cherchaient à conquérir moins comme élève pensionnaire que comme chair et matière à paiements ! ô ma première et bien douce espérance ! ô mon fils, réjouissez-vous d'avoir, tel que la rose, passé comme du matin au soir ; vous ne serez pas témoin des déboires éprouvés par un père trop peu défiant ; plus heureux que vos sœurs et votre frère, vous ne partagerez pas comme eux mes cuisants et mortels regrets : vous avez bien connu quelque chose de l'abbé Pruvot, mais ce sont ses courtoises et insidieuses fadaises.

En présence, Messieurs, de tant d'actes palpitants de duplicité, de dol, d'astuce et de mauvaise foi, d'actes propres à désorganiser la tête la plus ferme, à agiter, à soulever la conscience la plus calme, d'actes que le ciel réprouve, que la religion ne saurait absoudre, j'ai dû bien souvent me faire une sainte violence pour me maîtriser, me contenir et, malgré tous mes efforts, je ne me flatte pas d'être toujours parvenu à comprimer, à refouler au fond de mon âme les flots d'indignation qui la bouleversaient. Oh ! si jamais j'avais pu prévoir que, dans ce digne et nombreux clergé du diocèse, un membre se fut rencontré assez perfide, assez ingrat pour s'inspirer contre moi de la dépravation de son cœur, j'aurais, il y a près de neuf ans, hésité pour me renoncer, pour sacrifier un repos, une paix que la ville et ses bruyantes agitations ne peuvent donner. Je me suis, à l'âge où les prudents du siècle songent à la retraite, je me suis arraché à mes champs lesquels avaient plus d'une fois payé mes sueurs avec usure, je les ai quittés, à la sollicitation désintéressée d'un prêtre, d'un ami comme il s'en trouve peu, pour venir m'asseyant, me chauffant à votre soleil, conspirer saintement sous vos yeux, militer avec dévouement pour le bien. A côté de votre sacerdoce par excellence, suréminent, j'exerce depuis 1848 un sacerdoce bien inférieur sans doute : A l'heure qu'il est, c'est pour moi un devoir sacré, une stricte obligation de conscience de l'exer-

cér imperturbablement en poursuivant, en vous signalant
un autre B... L'esprit malin qui ne dort jamais, qui, comme
un lion rugissant, rôde et cherche à dévorer, Satan me ja-
louse, veut me supplanter et projette ma ruine. Procurez-
lui cette cruelle joie en me préférant, en délivrant ce B....

Pour mieux réussir dans son dessein, pour arriver plus
sûrement à ses fins, l'ennemi de tout bien, loin de prendre
quelqu'instrument auxiliaire dans ses nombreux coryphées,
dans ses serviles suppôts, ou même dans des ambulants
aussi cupides qu'immoraux, est allé, ce qui est plus hosti-
lement adroit, le recruter, le stipendier dans les rangs clé-
ricaux : son expérimentée fureur n'ignore pas qu'un corps
qui se respecte est naturellement enclin à protéger, à sou-
tenir ses membres : il sait que, s'en prendre à un seul,
c'est, non attaquer le corps entier, mais intéresser le corps
en faveur du membre compromis. Jamais machination mieux
combinée n'exista, jamais position plus délicate ne fut créée.
Ce réseau de complexes et inextricables embûches eut arrêté bien des courages ; la plupart se seraient, je crois, ré-
signés à tout perdre : mais, quand on appartient comme
moi à une classe d'hommes qui ne sont pas de cette époque,
quand on est fort de sa conscience, on aborde sans balancer,
on affronte sans broncher les plus terribles batteries, on les
démasque, on les surprend, on les renverse, on vise avant
tout au triomphe moral ; le matériel, on le dédaigne, on le
foule aux pieds : si vous me désapprouvez d'avoir découvert, mis à nu des expédients, des manéges odieux ;
si vous refusez de protéger la vérité contre le mensonge,
la droiture contre la duplicité, la probité contre le dol et
l'astuce, tenez-vous dans une charitable et chrétienne
neutralité : si vous ne voulez être juges, soyez justes, impartiaux, et ne me forcez pas à me repentir d'avoir ici le
premier planté la vigne : rappelez-vous en quels jours elle
fut plantée ; songez que, depuis 1848, elle m'a coûté bien
des soins, et, après ce, ne vous étonnez pas si je tiens tant
à abriter sa tige contre les miasmes gazeux, méphitiques
qui s'exhalent de ravins fangeux : quand, à force d'arrose-
ments presque journaliers, elle a pris racine et développe-
ment dans un sol soumis à tant de malignes influences,
combien j'aurais à me reprocher de ne pas la vivifier, de
ne pas la garantir de tout dommage, de la laisser entamer,
dévorer par quelque sanglier d'autant plus dangereux que

sa dent est plus amie des ténèbres et plus habituée à miner,
à creuser sous terre!

Oh! non, je ne souffrirai pas que la moindre morsure
effleure cette vigne, alors que tout semble me dire de me
disposer à la transplanter sous une atmosphère plus favorable et plus pure, alors que tout m'indique de plier ma
tente et de la transporter loin de ces lieux : j'en délogerai
pour n'y plus reparaître, j'emporterai pourtant quelques
regrets, celui de me séparer d'amis fidèles, de m'éloigner
d'un clergé sympatissant..., celui surtout de ne plus vivre
sous la tutelle, sous le haut patronage de cet éminent Prélat qui m'avait honoré, qui m'honore de sa bienveillante
estime et de son intérêt tout paternel.

Après avoir fait vainement entendre la voix d'une conscience droite, appuyée de documents qui défient le plus
sévère examen, de preuves qui confondent, vont saisir la
mauvaise foi jusque dans ses détours les plus cachés et éta-
blissent que j'ai plus que cent fois raison, après avoir, pièces
en main, démontré palpablement que toujours le collége
de Sibiville était gêné, sans fonds, à court de fonds, qu'au
lieu de me remettre, en août 1852, 300 francs, on venait,
le 3 octobre même année, m'en emprunter 850, que trois
semaines plus tard, on s'avouait honteux de me devoir depuis si longtemps et que, le 4 novembre suivant, on m'envoyait un maigre à-compte de 200 francs en se disant un
peu gêné, quand, après tout cela, je vois un tribunal de
conscience ecclésiastique se rapetisser, se réduire à la
mince proportion d'un chétif tabouret, je comprends,
comme le vieux laboureur de la fable, qu'il est bon de faire
sa moisson soi-même.

Des temporisations que je croyais franches, désintéres-
sées, pures et dégagées de toute prévention, m'avaient mis
à même d'élaborer, d'éclaircir, de coordonner et de sim-
plifier la question; j'étais loin de penser que des circonventions influentes pussent avoir accès auprès de personnages
graves, sérieux, impartiaux, et que l'on m'eut opposé des
vétilles pour m'éconduire et abriter la mauvaise foi.

Mais, puisque la chose ne doit point se traiter comme en
conseil de famille, je vais fermer cette bouche qui, semblable à un sépulcre infect, ne s'ouvre que pour déverser
contre moi la pourriture d'un cœur gâté, le noir venin d'une
âme perfide et traîtresse.

Je vais mettre un frein à cette langue d'aspic laquelle, dénaturant la vérité, colporte l'impudent mensonge jusque dans les lieux retirés des profanes humains, jusque dans la sainte pépinière où se forme et se recrute, pour le diocèse, la milice sacerdotale.

Je vais cadenasser ces lèvres fausses, artificieuses lesquelles, si je n'étais connu, me feraient passer pour un loup qui se glisse dans le bercail, pour un intrus, un paria.

Je vais courber vers la terre cet œil louvoyant qui jamais n'a regardé, ne regarde l'honnête homme en face.

Je vais, puisqu'on veut à tout prix m'ôter les moyens d'être digne et généreux, je vais marquer de trois stigmates indélébiles, ineffaçables

ce sombre **FRONT** de forban

139 francs 16 c. soldés par le certificat

300 francs versés par la lettre du

133 francs 35 c. soldés par le certificat

légalisé (28 février 1856).

légalisé (28 février 1856).

28 février 1855 contenant ces mots :

« QUANT AU RESTE DE VOTRE DIFFÉRENCE DE COMPTE, JE NE PUIS EN RIEN DIRE. »

Depuis le 28 février 1856 la bonne foi de M. Pruvot manœuvre et dit avoir pour solde de 1850-51 payé 139 fr. 15 (vacances de Pâques ou premiers jours de juin 1852) mais... la quittance est perdue.

La même bonne foi dit avoir aussi pour solde de 1851-52 payé 133 fr. 35, ordination mi-mai 1853, mais la quittance est perdue.

Bien plus elle me fait, le 14 août 1852, voyager pour mieux prétendre avoir ce jour-là remis chez moi 300 fr. mais... la quittance délivrée, lors de mon retour, est perdue.

Arras, imprimerie Le Mâle, rue des Rapporteurs, 6.

COROLLAIRE DU SUPPLÉMENT

AU

COUP-D'OEIL RÉTROSPECTIF.

Copie textuelle d'une lettre adressée par M. Dadier à M. Ledru de Framecourt (Pas-de-Calais).

Monsieur,

Je sais qu'au dîner qui a eu lieu chez vous lundi, M. Dufour et M. le curé de Nuncq ont parlé de mon procès avec le sieur Théry, libraire, fort désavantageusement pour moi, je vais vous exposer les faits et vous jugerez :

1° J'ai réglé tous les ans avec ce libraire sans jamais rien laisser d'une année sur l'autre ;

2° Quand il m'a réclamé un arriéré tantôt de 420 fr., tantôt de 600 fr., tantôt de 572 et enfin de 586, deux réglements de compte sur des fournitures postérieures avaient eu lieu sans aucune observation de sa part ;

3° Aussitôt que j'ai eu connu ses prétentions, je lui ai répondu que je ne lui devais rien, m'offrant toutefois de revenir sur les comptes des deux années où il supposait une erreur, il n'a pu me fournir aucun renseignement sinon de me demander mes quittances. Il s'agissait de paiements faits deux, trois ans auparavant, est-il bien étonnant que ces quittances fussent égarées, je n'en garde pas une seule longtemps ;

4° M. l'abbé Pruvot, professeur à la maison a eu plusieurs conférences avec le sieur Théry, qui n'ont abouti à rien. Son dernier *refrein* était toujours : « Montrez vos quittances. »

5° J'ai eu moi-même une longue correspondance avec ce fameux libraire ; les raisons que je lui donnais ont paru convaincantes au tribunal de Saint-Pol qui l'a condamné en montrant une conviction parfaite que les paiements avaient eu lieu ; pour moi elles m'ont attiré des lettres insolentes, des lettres aussi absurdes qu'injurieuses ;

6° M. Debray, curé de Saint-Nicolas à Arras, M. Robitaille, ancien doyen de Saint-Pol ont fait plusieurs visites au sieur Théry sans pouvoir rien obtenir;

7° Le curé de Nuncq sait bien que lui-même m'a offert de venir à Arras avec moi, il sait bien que M. l'abbé Pruvot avait offert des sacrifices de son côté, promis d'en obtenir de moi; il sait bien qu'arrivés à Arras l'un et l'autre il a été dire à son cher ami Théry que j'étais là; que j'offrais de paraître devant un tribunal d'amiables compositeurs; il sait enfin qu'il a trouvé dans son libraire un homme intraitable;

8° L'affaire a été portée au tribunal de commerce à Arras, je n'y ai pas paru; mon défenseur seul a parlé et le tribunal s'est déclaré incompétent;

9° Après ce premier échec du pauvre libraire, bien des personnes respectables l'ont engagé à ne pas poursuivre. M. Billot m'a dit plusieurs fois l'y avoir engagé lui-même et par lettres et dans des conférences, toujours sans obtenir la promesse qu'il en resterait là;

10° Jamais cet entêté libraire soit avant, soit après sa première condamnation, ne m'a fait offrir d'entrer en conciliation;

11° Il m'a diffamé partout dans Arras, devant l'évêque, en tous lieux;

12° Il devenait de jour en jour plus clair que j'avais fait les paiements. M. Pruvot qui en était l'agent, l'attestait formellement, donnant des détails, clairs pour tout le monde (sinon peut-être pour le curé de Nuncq et celui de Sibiville). Le principal paiement figurait dans mes écritures, écrit de ma main, sous la dictée de M. Pruvot, précédé et suivi d'autres paiements faits à Arras à la même époque attestés, reconnus par ceux à qui on les avait faits;

13° Tous ces faits étaient bien suffisants sans doute pour m'éviter un nouveau procès. J'aime à croire même qu'il n'aurait pas eu lieu si ces prétendus amis avaient parlé devant moi comme ils parlaient devant mon adversaire. (J'ai su indirectement par un avoué de Saint-Pol que j'avais auprès de moi deux hommes qui me trahissaient;

14° Au jour de l'audience l'avocat Théry a pu défendre son client comme il l'a voulu, le mien a parlé à son tour, et a fait ressortir avec un mérite rare le désordre des écritures Théry. On courrait peut-être l'univers pour trouver dans le commerce un homme d'une pareille négligence ; il n'a ni journal, ni registre il a pour tout *potage* un grand livre où figurent des paiements sans date, ni du jour, ni du mois, ni de l'année, sous cette vague indication : Reçu 600 francs en trois paiements. Je lui avais payé 848 francs au commencement de 1855, en trois fois ; or, aucun de ces paiements n'était écrit. Sommé de s'expliquer sur cette grave omission, il est resté bêtement muet. Heureusement cette fois j'avais les quittances. Sans doute j'ai dû prêter le serment ; puisque la loi autorisait mon adversaire à me le demander ; mais, certes nos juges n'en avaient pas besoin. Ils étaient convaincus avant l'audience que j'avais payé. L'attention honorable qu'ils prêtaient à mon avocat ne laissait pas ignorer les sentiments dont ils étaient animés. Aussi ils ont prononcé un jugement sans appel et je puis le dire à la satisfaction de tout l'auditoire, excepté toutefois le sieur Théry. Monsieur, je vous ai rapporté des faits, ils sont exacts ; si le curé de Nuncq ose en contester un seul, je lui donne le démenti le plus formel. Vous pourrez voir si ces faits prouvent que je me suis refusé à tout arrangement, que ce procès doit retomber sur moi, que je n'en dois le succès qu'à mon serment prêté au *hasart ;* vous pourrez voir si M. l'abbé Pruvot, protestant, après avoir bien rappelé ses souvenirs, qu'il prêtera serment si on l'exige, qu'il a fait les paiements est un imposteur ; vous pourrez voir si je suis coupable du *scandal* qui a pu en résulter, si au contraire je n'ai pas fait ce qui a dépendu de moi pour empêcher un procès. Je ne suis pas un *caffart,* un fanatique dévôt, un faux ami. Je défie mes deux détracteurs de trouver dans ma vie entière un acte de déloyauté, et je désire qu'ils puissent en dire autant.

Monsieur, j'ai abusé de votre temps et de votre patience ; je vous en demande pardon, mais enfin j'ai cru devoir vous écrire cette lettre, quoique je tienne peu au *quand dira-t-on* quand j'ai agi selon ma conscience ; vous pourrez donner connaissance de ma lettre à qui de droit, et leur dire que je les prie de ne pas parler si haut surtout devant témoins.

Veuillez me croire, Monsieur, dans des sentiments distingués, votre tout dévoué serviteur,

Est signé : **Dadier.**

Sibiville 7 mars 1856.

RÉPONSE DE M. BILLOT.

Monsieur Dadier,

Nous avons en mains la fameuse pièce avec ses nombreux documents que vous avez adressée à M. Ledru qui, quoique vous en disiez, est un homme d'honneur, un personnage honorable dans la contrée et sur la parole duquel on peut toujours compter. Je ne m'arrête pas à ce langage voltairien, à ces expressions vieillies de cafard, de dévôt fanatique, de faux ami que vous nous jetez à la figure et qu'on pardonnerait à Voltaire et à ses adeptes ; mais qui sonnent si mal dans la bouche d'un prêtre, dans la bouche d'un principal de collége, dans la bouche d'un ancien professeur de philosophie et de théologie. Je passe encore sur l'impudente assertion que je me suis offert pour vous accompagner à Arras, lorsque je ne me suis dévoué que par suite des instances et des supplications de l'abbé Pruvot. Peu m'importe à moi quel ait été le véhicule qui vous a mené au triomphe ! Je vous dirai seulement que donner à ce triste drame tant d'éclat et de publicité me paraît bientôt mendier une réhabilitation dans l'opinion du monde. A quoi bon tant de bruit quand on est fort de sa conscience et de la justice de sa cause ? J'ai apprécié toute la portée de la pièce précitée et vous me permettrez de vous refouler un démenti formel et de vous affirmer que le rapport qui nous y concerne, M. Dufour et moi, est évidemment mensonger, je dirai plus, hideusement calomnieux. Une pareille conduite me paraît tellement incompréhensible et traîne à sa suite une tâche de déloyauté tellement inqualifiable que je repousse de toute l'étendue de mon âme et que je réprouve à toujours toute explication de votre part soit de vive voix, soit par lettres auxquelles, à la seule vue de l'adresse, à la seule inspection de la signature, je ne ferai jamais l'honneur d'une lecture et dont le feu fera une justice aussi prompte que la rapidité de l'éclair, et c'est le conseil que je donne à tous ceux qui sont l'objet de vos sarcasmes et surtout à Lef... déjà si malheureux et que vous présentez de la manière la plus injuste et la plus odieuse.

Est signé : BILLOT.

Puis on lit : « Sa manière d'agir est vraiment pitoyable. Pour se justifier il a recours a des moyens indignes. Je suis en possession d'une lettre qu'il a écrite à une personne et qui est tellement *calomnieuse que je pourrais*, etc., etc. »

Allons, monsieur Dadier, vous *avez auprès de vous des hommes qui vous trahissent ;* car grâces à eux, j'apprends que, ce mois-ci, vous avez, sans désemparer, perdu trois procès à St-Pol et même je possède votre fameuse lettre à M. Ledru.

C'est une merveille, aussi pour la tailler, vous aurez, à ce que je vois, mis tout votre savoir-faire à contribution ; votre humeur bilieuse, acariâtre se sera rudement échauffée, votre bouche aura moussé, votre cadavre n'aura pas mal suinté et vous aurez sifflé comme un serpent.

Au lieu de prendre pour patron le bon Louis XII, et d'imiter ce prince si généreux, vous vous êtes sataniquement inspiré, et votre ardente soif de vengeance pharisaïque, cherchant d'autres victimes qu'un chétif libraire, s'est portée sur MM. Dufour et Billot avec autant de fureur que si ces deux ecclésiastiques foncièrement renseignés sur le pour et le contre, avaient amoindri votre triomphant succès de carnaval, écourté votre laurier lupicin lequel à moins de branches et de vie que le bois durci d'une lance guerrière.

Mais tel qu'un chevalier sans peur et sans reproche, le curé de Nuncq naturellement si calme, a, dans sa légitime indignation, disposé ses obus, braqué l'auguste canon de la vérité contre votre gigantesque Babel de mensonges, l'a démantelée, détruite de fond en comble, et s'est avancé chassant, pourchassant, l'épée dans les reins, un agresseur non moins ingrat qu'effrontément téméraire, relançant dans sa bicoque, refoulant dans sa pétaudière le Don-Quichotte, *non faux ami, non fanatique dévôt,* de Sibiville.

Reconnaissez, mon vieux matador, que ce jour-là vous avez rencontré votre maître et que le brave de Nuncq vous a flanqué un terrible camouflet. N'en perdez pas le souvenir et dorénavant gardez vos lunettes, regardez-y à deux fois avant de vous hasarder, de vous frotter à ce Bayard du sacerdoce.

Mais, comme pour tout ce qui a trait à ma personne, votre lettre à M. Ledru de Framecourt, est celle d'un grossier pâtre de Nubie, d'un plat charretier de Hambourg, d'un menteur non patenté, d'un échappé de Charenton, je viens par des lettres et réponses émanées de votre carrefour, sorties de votre réceptable, vous prouver que depuis le 12 mars 1850 jusqu'au 16 novembre 1854, vous avez toujours au titre de principal, allié celui de noble marquis d'Argent-Court et qu'au lieu de payer, suivant convention, de six mois en six mois, vous preniez des années et plus que des années... Je passerais l'éponge sur tout cela si... Mais commençons :

12 mars 1850. Vous êtes à court de fonds et vous ne payez ni *à Pâques, ni à la Trinité, ni à la Saint-Jean, ni la veille de l'Assomption.* Votre quittance du 3 décembre 1850 confirme ce que j'avance.

9 octobre 1850. Vous gardez les 167 francs que l'abbé Pruvot n'a pu me remettre avant son départ et cette retenue dit nettement que le lendemain, vous me deviez encore 172 fr. 15 c. sur le mémoire de 372 fr. 15 c.

13 mars 1851. Vous n'êtes pas fort en fonds et vous seriez bien aise de ne solder qu'à Pâques *les livres de prix à vous fournis le 2 août* 1850... Auriez-vous le front de prétendre que depuis le 19 avril 1851 jusqu'au 12 janvier 1852 vous m'avez fait verser un centime sur les fournitures classiques de 1850-51 ?

3 octobre 1852. Je prête 850 francs à l'abbé Pruvot lequel, partant, ne verse point chez moi 300 fr. ce jour-là, lequel n'a point versé chez moi 300 fr. le 14 août précédent : Son assertion rétrospective est gratuitement fausse et palpablement menteuse : aussi votre agent maltôtier moissonnera-t-il bientôt ce qu'il a semé.

27 octobre 1852. Vous êtes honteux de me devoir depuis si longtemps et vous avez des fonds disponibles pour me payer tout ce que vous me devez etc., etc.

4 novembre 1852. Vous m'envoyez 200 francs et vous ajoutez : « M. Pruvot vous a dit pourquoi je me trouvais un peu gêné : etc., etc. »

Je ne m'appesantis point sur votre contradiction bien patente ; car j'ai à vous faire remarquer que si, à Pâques ou en juin 1852, votre intermédiaire m'eut pour solde de 1850-51 payé 139 fr. 15 et si, le 14 août suivant, il eut, sur l'année 1851-52, versé chez moi 300 francs, la lettre du 27 précité serait un non-sens et démontrerait évidemment que votre cabinet de Saint-James-sur-Canche est le vrai pendant de celui de Saint-Venant-sur-la-Lys, mais passons outre. Votre agent de paiements fantastiques, l'abbé Pruvot ne rencontrant plus d'obstacles vint à Arras pour l'ordination de décembre et m'acheta un beau Bréviaire avant de se présenter pour le sous-diaconat ; me chuchota-t-il alors quelque promesse de futur à-compte ? Pas le moins du monde ; il ne me paya même point son Bréviaire : Aussi laissant de côté la lettre sans date où sont contenus ces mots : « M. Lépinoy vous remettra probablement 100 francs à valoir pour le compte de M. Dadier ; » je saute de suite au 3 février 1853 pour lire au bas d'une autre lettre : « Vous a-t-on remis les 100 francs ? » Pas besoin n'est de vous répétailler que votre digne agent faisait allusion aux 100 francs à moi remis la veille par M. Lépinoy.

Mais à l'hiver succéda le printemps et si, à Pâques, aux vacances de Pâques, l'abbé Pruvot revînt à Arras sans solder son Bréviaire, je dois déclarer qu'à la Trinité, à l'ordination de la Trinité, il le paya, car il me donna 40 francs sur son compte lequel était net de 45. C'est fâcheux, mon vénérable, que votre *factotum* alors bas d'écus et de fonds vienne, depuis 1856, et ce, après avoir rappelé ses souvenirs, intercaler-là 133 fr. 35 c. comme solde de 1851-52. Il ne manquait plus que cela pour démontrer une fois de plus que votre maison de marquis d'Argent-Court est aussi bien tenue que les écuries d'Augias et que la réponse à moi faite par vous, le 12 février 1856, devrait être datée du vieux Bicêtre ; car le mémoire de 1852-53 lequel est d'environ 420 francs ayant été payé comme qui dirait 200 fr. par un sieur H. Dupuich, du 1er au 4 août 1853 ; 100 fr. par votre agent Pruvot, du 11 au 15   id.   ; 119 fr. 80 par le même, du l. au j. de la fête d'Arras, id. ; à quoi ferons-nous servir les 200 fr. versés par M. Robert le 31 octobre 1853 ? 1º à démontrer que votre lettre à M. Ledru est celle d'un homme que ses actes seuls peuvent qualifier et nommer ; 2º à constater que loin de régler tous les ans, vous faisiez plus, que laisser quelque chose d'une année sur l'autre, que vous négligiez à dessein d'acquitter vos vieilles dettes, de vous libérer d'une manière loyalement honorable, cléricalement exemplaire ;

3º Que, malgré certaines données impartiales sur vos antécédents aussi chicaniers qu'indélicats, votre serviteur trop peu défiant a grandement réussi de garder longtemps, de ne pas égarer les lettres et réponses Dadier-Pruvot ; mais puisque sans y penser nous nous retrouvons sur ce chapitre, renouons le fil interrompu de nos citations.

27 octobre 1853. M. l'abbé Pruvot qui, lors de son retour à Sibiville, m'avait promis un versement, lequel tardait à s'effectuer, me répondait : « Je crois que vous aurez demain 200 fr. d'une part et 100 fr. de l'autre, etc. ; » ces quelques mots de votre intermédiaire, font *ressortir avec un mérite rare* que, dans votre gêne pécuniaire, vous enjambiez non-seulement d'une année sur l'autre et cherchiez à créer le chaos, à interpoler la confusion entre vous et moi, mais même que le fameux certificat aussi perfidement improvisé qu'audacieusement produit devant un tribunal civil, est l'œuvre infernale d'un scient faussaire et que le serment tombé de vos lèvres de prêtre est... Achevez la phrase et venez, si vous l'osez, prétendre que, depuis le 31 octobre 1853 jusqu'au 20 décembre 1854, vous m'avez versé, fait verser quelque obole... Quoi, mon vénérable, vous restez *bêtement muet,* vous paraissez stupidement confondu !

Venez maintenant avancer que je vous ai réclamé tantôt 420, tantôt 600, tantôt 572 et enfin 586 francs, je vous riposterai qu'il y a près de quatre mensonges dans cette assertion aussi nomade que votre conscience et qu'avec un passé tel que le vôtre, passé criblé, lézardé de procès, il ne vous appartient pas de vous farder d'une bravoure empruntée, ni de traquer la probité avec l'impudeur hautaine d'un marquis d'Argent-Court, ni de traiter avec un dédain princier un homme qui peut vous regarder en face et vous courber les yeux en terre. Aujourd'hui que notre correspondance est imprimée, qu'à l'aide des documents nombreux y renfermés, on peut, sans crainte de se tromper, juger, prononcer entre un libraire d'Arras et un principal de collége, outre que je perdrais mon temps, je rougirais de réfuter un à un, de réduire en poudre les quatorze articles de votre louvoyante et cabalistique verrine.

Vous vous êtes placé trop bas pour que je m'abaisse jusqu'à vous, m'approcher de vous ou vous toucher, ce serait me salir : Abrégeons. Le digne curé-doyen de Saint-Nicolas-en-Cité, M. Debray m'a bien, le 26 juillet 1854, rendu visite, mais c'était pour me lire la lettre dans laquelle l'abbé Pruvot déclarait *avoir oublié de prendre quittance de son prétendu versement de TROIS CENTS FRANCS.* Quelques jours plus tard, l'ancien grand-doyen de Saint-Pol qui nous connaît vous et moi, qui sait apprécier notre valeur relative, le judicieux M. Robitaille m'a bien, à votre sollicitation, fait une visite motivée par notre regrettable différend ; mais, après mes loyales explications, il m'a dit qu'il allait vous écrire de payer vos dettes et il a ajouté que, toujours le même, *vous les aviez toujours niées et ne les aviez payées que lorsqu'on tirait sur vous à boulets rouges ;* quant à mon *cher ami* Billot qui sait que l'abbé Pruvot offrait des sacrifices, avait promis d'en obtenir de vous, il m'a trouvé intraitable, 1° parceque, dans une question d'honneur, je préfère l'abîme à l'ornière ; 2° parceque vous veniez forcément me jeter un pois pour garder et manger la fève avec votre politique et indispensable agent.

Ce servile et passif instrument de vos volontés d'autocrate a eu, dites-vous, avec moi *plusieurs conférences* lesquelles n'ont point abouti : c'est vrai : Mais ces conférences n'ont eu lieu que le 7 mars 1855 : mais ces conférences telles quelles ne pouvaient aboutir : 1° parceque, le 21 janvier précédent, l'abbé Pruvot avait déclaré, devant vous et répété devant M. Dufour, ne m'avoir rien donné en 1852 ; 2° parceque vous-même, mon vénérable, vous aviez, devant l'instituteur de Nuncq, dit à l'abbé Pruvot : « Monsieur Pruvot, nous sommes confondus! » 3° parceque, le 12 février suivant, vous m'aviez impudemment répondu : « Il (M. Pruvot) a pu voir que vous avez plutôt reçu trop que trop peu; « 4° parceque, le 28 du même mois, rappelant ses souvenirs ou mieux faisant de la palinodie, l'abbé Pruvot m'avait écrit qu'il était certain d'avoir, en août 1852, versé chez moi 300 fr., que *quant au reste de ma différence de compte,* il ne pouvait *en rien dire.* Ici je dois vous faire un aveu, quelqu'aveu : il me répugnait de vous attaquer et le temps que j'ai mis à le faire, doit, a dû vous en convaincre.

Il est même hors de doute qu'ayant appris que, cent fois, vous aviez comparu, soit au tribunal civil, soit à la justice de paix de Saint-Pol, je me serais résigné à tout perdre, je vous aurais-là laissé vous et vos dettes et n'aurais pas poursuivi, si votre émissaire enfariné n'avait, par ses caquets aussi perfides qu'adroits, éveillé ma susceptible attention, si par ses sourdes manigances, il n'avait comme poussé à la roue. Aussi quand j'eus acquis la certitude qu'après avoir réussi à me tromper, l'auteur de notre malentendu, le provocateur de notre regrettable différend, travaillait encore, dans ses va-et-vient, à me ravaler dans l'esprit du clergé diocésain, à me déprécier dans l'estime des honnêtes gens,

Oh ! alors avec les pièces que j'avais de sa main contre lui, je me résolus en vous poursuivant d'atteindre ce Thersite, de le casser comme un vase d'argile. Toutes les mesures sont prises, tous les sacrifices sont et seront faits pour découvrir les manéges, pour mettre à nu les mille expédients de cet insaisissable Protée. Je manquerais à Dieu, je faillirais à ma mission, si je ne macadamisais par et avec sa signature ce prêtre anomal... C'est ce papelard et non les curés de Nuncq et Sibiville que vous devez accuser de votre procès *avec un entété libraire* et votre colère, vos sarcasmes contre ces deux messieurs, ne sont ni logiques, ni rationnels. Il est vrai qu'à votre âge l'on radôte et que le dépit de n'avoir point été, le 3 mars dernier, convié par l'honorable propriétaire de Framecourt, a pu vous faire extravaguer, si bien que vous vous êtes, tout à la fois, abattu sur ma peau comme le taon sur celle du gros bétail de vos pittoresques prairies. Cependant je ne vous avais diffamé, ni dans Arras, ni devant Monseigneur Parisis, ni devant MM. Robitaille et Debray et, si vous n'aviez été labouré par quelque maniaque fureur, vous deviez vous rappeler que, pour vous, épargner la honte de monter la gondole de la prescription, je m'étais, devant nos juges de Saint-Pol, livré à la merci, de vos *écritures claires, formelles* et, que si, ces écritures avec lesquelles vous faisiez un si bruyant tintamarre, avaient été autre chose que du vent, je n'aurais eu qu'à m'incliner devant elles et à me sauver honteux comme un renard auquel une poule aurait coupé la queue. Vous ne deviez même point avoir oublié que j'avais, devant un nombreux auditoire, respecté vos années, votre caractère sacré de prêtre et cette tête blanchie qui ne se découvrit qu'au moment où votre main se leva, votre bouche jura...

Mais, quand, pour donner à votre serment un vernis de justice apparente, vous avez employé l'expédient du certificat dont-auquel, que seriez-vous devenus vous et votre facile Colin-Tampon, si, produisant sa lettre du 28 février 1855, je m'étais levé en faux contre ce supplément à vos écritures, supplément badigeonné sur des souvenirs ? Avouez que Dieu, me faisant entrevoir l'abîme creusé sous vos pas par un si magique coup de jarnac, agit alors sur moi, me retint, s'il ne me toucha pour vous de commisération : Loin de bénir sa main de m'avoir ainsi contenu, loin de glorifier sa bonté de vous avoir soustrait aux gémo-

nies de la honte et du déshonneur, vous vous êtes mis à
sonner, à colporter un triomphe non obtenu par la franchise,
mais escamoté par la hideuse supercherie; des triomphes
comme le vôtre, on les cache, on les enfouit, quand on ne
les pleure pas, mais bref là-dessus. Nous avons eu, dit votre
verrine, une longue correspondance... Mais cette correspondance démontre que les lettres insolentes, absurdes, injurieuses, ou mieux perfides, déloyales, négatives émanaient
de votre mystérieuse Oasis, que les prétendus renseignements vous les demandiez aux Robert, aux Lépinoy, qu'en
vous comme en l'abbé Pruvot il y avait ruse, déguisement,
machination, astuce; qu'entre vous deux il existait convention, accord, complicité, connivence et concours pour
m'éconduire : l'un dissimulé, souple, insinuant, patelin
visait à m'amadouer, à me prendre dans ses réseaux, l'autre
aussi fier qu'un Artaban, aussi réservé qu'un Socrate, aussi
didactique qu'un Platon, puis aussi frondeur qu'un Juvénal
finissait par demeurer coi. Les rôles étaient, on ne peut
mieux joués. *Ne rien devoir du tout, avoir plutôt payé trop que
trop peu* tel était *votre refrain,* papa Dadier, ou mieux votre
procédé normand pour envoyer promener le *pauvre libraire.
On courrait peut-être l'univers* catholique *pour y trouver* deux
prêtres aussi tarés et, par suite, aussi pactisants que vous
et votre agent comptable. Les pierres de votre innocente
bastille se lèveraient, au besoin, pour attester que les Dadier,
les Pruvot sont deux têtes dans un même bonnet et que,
réunis, vivant sous le même galetas, vous faisiez cause
commune, vous ourdissiez et concertiez toutes vos trames
contre un homme que votre dévorante improbité, que votre
ladre indélicatesse osent, pour se justifier et se blanchir,
taxer d'*une négligence sans pareille.*

Malgré tous vos dires, Monsieur le praticien, malgré
toutes vos assertions et gasconnades, Monsieur le jongleur,
cet homme possède un journal lequel témoigne hautement
que votre agent est un misérable tripotier, un insigne et
osé menteur, un être en un mot, capable de tout ;

Cet homme possède un registre qu'a trop bien connu
messire Edouard Pruvot, un registre sur le dos intérieur
duquel l'œil perfide de votre *limier* m'a vu, dans une
matinée de presse, coucher son versement de 119 fr. 80 c.,
un registre où, parmi tant de noms honorables, conscien-
cieux, figure un nom hétérogène, anormal, le vôtre...

Cet homme possède un livre spécial où sont textuellement copiées vos lettres et réponses, les lettres et réponses de votre singulier forgeur de paiéments, *paiements* aussi flottants que l'île de Delos : J'allais ne pas ajouter que les originaux des susdites lettres et réponses sont tous renfermés dans une chemise ayant pour titre : *Correspondance Dadier-Pruvot :* Pour être tardive, que cette déclaration ne vous apporte point la *suette*, ne vous soit point uu cauchemar !

Mais je lui avais, continue votre emphatique et clabaudante verrine, *payé* 848 *francs au commencement de* 1855, en trois fois, or aucun de ces paiéments n'était inscrit sur ce que, à vous entendre, j'ai *pour tout potage*, un grand livre et *heureusement cette fois vous aviez les quittances*, ce qui équivaudrait à dire que je suis un fripon et vous un *prêtre très-honnête homme!* Mais, vieux paladin de subterfuges et de faux-fuyants, était-il, au tribunal civil de Saint-Pol, question des 848 fr. qne vous avez eu tant de peine à tirer de l'escarcelle, à dégaîner ? Oh! certes on ne vous demandait pas plus les quittances de ces 848 francs payés en trois fois qu'on ne vous à jamais demandé celle des 97 francs 65 c. payés en 1849, celles des 200 francs et des 166 francs payés en 1850, celle de 124 francs 40 c. payés en 1851. Toutes ces quittances-là, vous en avez bon scient, existent et il ne faudrait pas remonter seize mille ans avant la création du monde pour leur trouver des dates. Vous vous perdez, enfant de Babel ! à la brique solide vous substituez un ciment plein d'alliage, un ciment qui se délaie et déjà votre informe tour se crevasse de toutes parts, va s'écrouler avec fracas. Si, pour parler clair et net, vous n'étiez comme frappé de vertige et de cécité, vous auriez, en relisant mes trois traites *non égarées*, vu que vous m'aviez,

1° 20 décembre 1854, payé 400 fr.
2° 31 — — 200
3° 31 mai 1855 — 248

Si, plus que tout cela, vous n'étiez un corps sans âme, un cadavre en dislocation, en lambeaux, un sépulcre blanchi, replâtré; si vous n'aviez fait litière de votre foi, s'il vous restait quelque sentiment de dignité, quelque fibre d'honneur, quelque respect sinon de vous-même, au moins de vos bons et vénérables confrères *au milieu desquels vous paraissez comme un arbre mort,* n'auriez-vous pas honte de vivre étranger au saint habit que vous portez? Vous feriez-vous, comme naguères, admonester, devant des justices de paix, par quelque commissaire de police? Ne rougiriez-vous pas de tirer sans cesse à votre puits de chicane tant d'arguties aussi déloyales et antichrétiennes qu'évasives et entortillées? Viendriez-vous avec plus d'artifice que d'adresse insinuer qu'avoir, devant un tribunal civil, eu pitié de vous et de votre complice, ça été, de ma part, rester *bêtement muet?* Les 848 francs ci-dessus spécifiés, y comprise même ma traite de 490 francs que vous aviez, le 10 janvier 1855, refusé de payer en alléguant que j'avais eu tort de disposer sur vous, ne sont-ils pas inscrits partout, à la banque Cudin, dans les filières par où les quatre traites sont passées pour aller jusqu'à vous? Ne sont-ils pas comme imprimés dans le livre mutilé, délabré de cette conscience qui, bannie de votre être, s'est réfugiée, installée dans les bas-fonds de votre louvoyante verrine? Les 600 francs payés par vous, en décembre 1854, ne sont-ils pas mentionnés dans ma réponse à vous faite, le 19 du même mois? et cette mention n'est-elle pas plus que confirmée par ma lettre du 17 avril 1855. Je vous la transcris : Voyez, lisez, répondez et, en présence de cette lettre qui, telle qu'une bombe incendiaire, tombe sur votre arsenal de mensonges fantasmagoriques et le fait sauter, voler en l'air, mendiez l'honorable M. Ledru pour constater votre désarroi, pour méditer sur votre complète deconfiture.

Monsieur Dadier,

Je viens vous donner avis que je vais disposer sur vous payable au 31 mai prochain de la somme de 248 francs pour solde de 34 fr. 55 c. restant sur mes livraisons du 20 octobre 1853 au 27 juillet 1854 inclusivement et de 214 francs 30 c montant de mes fournitures du 2 octobre 1854 au 30 novembre de la même année inclusivement.

J'abondonne les centimes pour compenser une petite différence dans le compte du 27 octobre 1852 au 27 mai 1853, lequel compte est de 420 fr. 35 c. et non de 421 francs. La dernière quittance terminant ce compte et délivrée à M. l'abbé Pruvot est de 149 fr. 80, déduction de 1 fr. 20 ayant été faite pour une grammaire achetée et payée par M. Deusy, d'Athies.

Inutile maintenant de revenir sur les comptes des années antérieures, puisque la parole est ou sera aux tribunaux appelés à vider notre différend.

Veuillez, monsieur Dadier, me croire etc., etc.

Moi aussi, monsieur Dadier, *je vous rapporte des faits*, je vous les donne *in extenso ; ils sont exacts*, vrais et parlants, *osez en contester un seul, osez*, après avoir comparé, confronté, vous risquer contre toutes les clartés de l'évidence, *osez* vous cramponner encore à votre tas de mensonges, à vos échappatoires, à vos mille expédients.

Vous pourrez voir si ces faits patents, palpablement saisissables ne vous dégomment pas, ne *prouvent* pas que, baragouineur opiniâtre, que tortillant chicaneur vous consentiez à sacrifier *en barbotant* une prune pour rester maître et tranquille possesseur de l'œuf...

Vous pourrez voir si, en vous plaçant *toujours à côté de la question*, parce qu'elle vous brise, en l'esquivant, parce qu'elle vous tue, en l'éludant, parce qu'elle vous écrase, vous n'êtes pas un misérable poltron qui, ne pouvant trôner sur le roc, s'obstine à vouloir trôner dans la boue.

Vous pourrez voir si, en vous jetant d'une manière aussi lâche que subtile sur un terrain neutre et non contesté, en y cherchant un rempart, un fort, une redoute, vous ne démontrez pas nettement que votre succès fût une surprise, que votre bonne foi est aussi défectueuse, aussi indéchiffrable que votre écriture, que ce qu'on peut appeler votre conscience est aussi estropié que votre *quand-dira-t-on* auquel vous déclarez tenir peu.

D'après tous ces faits, vous pourrez voir si celui-là cessait d'être honnête homme, bon père de famille, bon chrétien qui vous réclamait environ 600 francs que vous êtes sûr d'avoir (*), que vous chantez avoir remis à un intermédiaire pour m'être versés ; vous pourrez voir si, par des subterfuges, on *empêche un procès* et si tout l'odieux du nôtre ne doit point *retomber* sur les têtes Dadier-Pruvot ; vous pourrez voir si vous n'êtes pas, vous et votre agent, plus que coupables *du scandale qui a pu en résulter* : vous pourrez enfin voir si, *votre abbé Pruvot protestant, après avoir bien rappelé ses souvenirs* qu'il a fait les paiements de 300 fr., de 139 fr., 15 c., de 133 fr. 35 c., n'est pas *un imposteur*, n'est pas en contradiction avec sa signature, etc.

En voilà bien assez, mon pauvre compère, pour fermer

(*) Après Pâques 1856, vous disiez quelque part : « Pour mon propre compte, je suis sûr d'avoir remis l'argent pour payer M. Théry, mais j'ai un intermédiaire et je ne puis répondre que cet intermédiaire a payé... Un tel aveu, devant des prêtres qui nous connaissent vous et moi, laisse du louche et sur le certificat Pruvot et sur le serment Dadier, lequel a préalablement déclaré avoir eu dans les mains, avoir lu, bien lu les quittances de 139 fr. 15 et 133 fr. 35, quittances qui, disons-le tout bas, n'ont pas plus existé que l'an de grâce 1857.

votre bouche laquelle ne s'ouvre que pour mentir, débla-
térer et poursuivre de ses sarcasmes la franche et loyale
vérité, en voilà bien assez pour cadenasser vos lèvres fausses, artificieuses, lesquelles, après avoir de connivence avec
un gérant sujet à caution, exploité la probité, voudraient
encore la noircir, la dénigrer et l'attacher comme coupable
au pilori du déshonneur qui vous incombe.

Mais aux paroles *un peu acerbes*, aux expressions peut-être
blessantes d'une légitime indignation, faisons succéder un
langage moins amer et plus modéré, celui, monsieur Dadier, de la charité chrétienne et permettez à votre frère
Gros-Jean non pas de vous remontrer, mais au moins de
vous glisser quelques salutaires avis.

Au lieu de droguer, de patrouiller si souvent de Sibiville
à Saint-Pol, de scandaliser, par vos aller et revenir, jusqu'aux arbres qui bordent le chemin, prenez le bon
parti, et tournant pensées et regards du nord au midi,
portez-les de préférence sur la modeste institution des
frères de Frévent, moins toutefois pour la convoiter que
pour y aller à la bonne franquette recommencer un petit
cours de français (car entre nous le vôtre est un peu rouillé)
et faisant fi du respect humain, devenez l'écolier non sour-
nois, non jaloux de ces amis dévoués de l'enfance, courez,
en vous hâtant lentement, prendre sous eux des leçons de
calligraphie, d'orthographe, inspirez-vous de leurs édifiants
exemples, modelez votre piété rafraîchie sur la leur, non
cafarde, non prétentieuse, et à l'agréable surprise du curé
de l'église Saint-Vaast, M. Mallet, soyez en tout et pour
tout un autre Ignace de Loyola. Quoique vous n'ayez pas
(ce qu'à Dieu ne plaise) oublié votre vieux catéchisme
picard que je ne sache pas être de l'évêque *Porion*, pro-
curez-vous, étudiez, apprenez celui de Monseigneur Parisis : Le jeune et nouveau curé de Saint-Hilaire, M. Wan-
herdrick que l'autorité supérieure ecclésiastique a, pour de
hautes raisons sans doute, placé dans ce poste, que la Providence, dans ses adorables desseins, appelait peut-être à
vous servir spirituellement d'appui, de soutien, s'empres-
sera de vous accueillir, de vous recevoir à bras ouverts et
sans rien relâcher de sa tendre sollicitude pour les nombreux enfants confiés à ses soins, aura des égards tous par-
ticuliers pour un ci-devant supérieur de pensionnat catholique. Ce prêtre plein de zèle, réchauffera, ravivera le vôtre

et se trouvera fort honoré, fort heureux de vous donner
une direction, une impulsion nouvelles.

Après tant de soucis terrestres, d'embarras profânes, de
labeurs souvent stériles pour le ciel, un peu de calme, de
paix, de solitude guérira votre esprit malade, l'assainira,
fera rentrer dans sa sphère naturelle votre âme sortie de
son orbite. Au milieu de tant de conflits, d'agitations de
toutes sortes, votre foi a dû, sinon s'éteindre, du moins
essuyer des échecs et, par tant se ralentir, efforcez-vous
de la relever, de la ranimer, de la vivifier et consacrez ce
qu'il vous reste de jours à mériter une mort aussi sainte que
le bon Larron. Vous vous êtes, dans le temps, fait relever
par Rome de vos vœux perpétuels de lazariste, n'hésitez
pas, maintenant que votre soleil est sur son déclin, ne tardez
pas à vous faire relever de votre manie d'encourir ou d'in-
tenter des procès. Souvenez-vous que, là-haut, on rend, on
règle soi-même ses comptes et que vous n'y pourrez point
comme, ici-bas, les établir *sous la dictée de M. Pruvot*, les
ébarber, les ressasser, les gonfler de concert avec M. Pruvot : songez que, là-haut, votre complaisant *factotum*
M. Pruvot ne sera point, *après avoir bien rappelé ses souvenirs*,
admis à protester, à prêter serment, au besoin, à fagoter
des certificats, à suppléer à vos comptes par des articles
organiques : là-haut, point de circonventions, point d'influences, point de prescription : là-haut, le juge est, *avant
l'audience, convaincu* que les comptes sont plus ou moins en
règle : Aussi nous appelle-t-il à son tribunal, sans défen-
seurs, sans témoins et prononce-t-il sans appel : Retenez
bien qu'au tribunal de là-haut, on ne mène avec soi d'autre
avoué, d'autre avocat que ses propres œuvres et encore
faut-il, pour obtenir un jugement favorable, qu'elles soient
selon la stricte équité ; retenez bien que de ce tribunal
indulgent pour les bons, sévère pour les méchants, sont
éloignés, exclus tous ces Hortensius qui, depuis plus de
vingt ans, ont, tant de fois, ri sous câpe de vos contestations
et fait, à vos dépens, bouillir la marmite, danser la casse-
role. Retenez bien surtout que, là-haut, le juge est la loi
et qu'il n'y en a point comme celles que vous invoquiez à
Saint-Pol pour éconduire et mettre dedans *un entêté libraire....:* C.-F. THÉRY.

Arras, imprimerie Le Mâle, rue des Rapporteurs, 6.

www.ingramcontent.com/pod-product-compliance
Lightning Source LLC
Chambersburg PA
CBHW061750050726
47598CB00002B/683